Cahiers d'enfrance

Du même auteur

Poétique de la ville, Paris, Klincksieck, 1973.

L'espace et son double (en collaboration), Paris, Champ urbain, 1977.

Variations paysagères, Paris, Klincksieck, 1983.

La France sensible, Paris, Champ Vallon, 1985.

Les Formes sensibles de la vie sociale, Paris, PUF, 1986.

Cahiers d'enfrance, Paris, Champ Vellon, 1990.

Les Gens de peu, Paris, PUF, 1992.

Papiers rêvés, papiers enfuis, Montpellier, Fata Morgana, 1993.

Jardin publics, Paris, Payot, 1993.

Petite Bibliothèque Payot / Documents 191

Pierre Sansot

Cahiers d'enfrance

« On est de son enfance comme d'un pays. »
G. Bachelard.

à Philippe.

RETOUR AU PAYS NATAL

Nous sommes, pour la plupart, en quête d'une origine. A défaut de savoir où nous allons, nous aimerions savoir d'où nous venons. Un beau jour, sans raisons apparentes, nous nous précipitons à la recherche de notre pays natal. Seulement, pour que celui-ci possède une valeur éminente, il faudrait qu'il se distingue de tous les autres lieux qui, eux, seraient soumis à l'histoire et à ses incertitudes. Je pressens que ce privilège que je lui accorderais peut irriter et paraître contestable. Le natal ! Comme si j'avançais dans l'avenir à reculons, les yeux fixés sur un passé révolu, comme si, végétalement, j'avais besoin de racines, comme si d'être né là plutôt qu'ailleurs devait justifier une existence de toute manière injustifiable, comme si, précisément, nous ne devions pas oublier au plus vite que nous sommes nés, que nous avons fait effraction dans le monde, comme si j'osais, après d'autres fanfarons et mauvais musiciens, entonner le péan de l'âge d'or. Surtout l'affirmation, en son fond, apparaît peu soutenable. Par je ne sais quelle énigme, nous aurions échappé, pendant quelques années de notre vie, à l'histoire. Nous aurions vécu un temps différent du seul temps que nous connaissons et qui est celui des hommes. Nous n'aurions pas risqué la mort, les cicatrices, la maladie, nous n'aurions pas vieilli, et, alors, une fois le sursis terminé, par un saut périlleux étonnant, nous serions passés de ce stade pré-historique à l'existence humaine où chaque minute compte, où nos poumons, notre cœur, notre inconscient ne peuvent pas cesser d'exercer leur fonction. L'observation naïve ou plus savante semble nous dire le contraire et elle laisse entendre qu'il y eut toujours une histoire — celle de la petite enfance, celle du nourrisson, et déjà celle de la vie prénatale.

Je n'ignore pas la portée de ces remarques et je continue, cependant, à croire que l'on peut instituer une coupure dans la destinée d'un être. Pendant la majeure partie de notre existence, les évènements se succèdent en nous, s'enchaînent, en viennent à former une totalité compacte. L'enfant (celui du moins d'une certaine culture qui a peut-être disparu) n'avait pas conscience d'accumuler, même si, par bonheur, il « tirait des leçons de l'expérience » et s'il augmentait son savoir, son savoir-faire. Il vivait dans l'éternel recommencement, dans une sublime insouciance des matins, des saisons qu'il s'ingéniait à préserver. Il avait parfois des projets, mais il les oubliait vite. Quand on le pressait de questions sur ses occupations de la veille, il inventait n'importe quelle fable crédible plutôt que de faire effort pour se rappeler ce qui lui était demandé. Il s'étonnait qu'on lui reproche d'être inconstant, de ne pas tenir ses belles résolutions. Aujourd'hui n'avait pas à se conformer aux promesses de la veille, et, s'il en était ainsi, il ne ferait plus de promesses, et, si on lui en extorquait, il n'aurait pas d'obligation puisqu'elles auraient été proclamées sous la contrainte des adultes. Nous ne devons pas entendre sur un mode négatif cette manière d'être. Nous la considérons, sous sa forme positive, comme un choix existentiel qui se manifestait par l'oubli du temps tout comme par la façon de marcher, de sautiller, de jouer aux gendarmes et aux voleurs, de se dissiper, de garder rancune. Il n'y aurait pas lieu de parler d'un caractère primaire, d'une prise de conscience imparfaite. Ce fragment de nos existences aurait été soustrait au temps alors même que l'histoire nous produisait et nous reproduisait, et ceci parce que l'enfant ne vivait pas sur le mode de l'accumulation (il ne stockait que des billes, des images), du projet (il rêvait, ce qui n'est pas se projeter). C'était comme un calendrier que l'on effeuille, et les feuilles qu'on a arrachées, on les a jetées au feu ou dans une corbeille, comme une vitre sur laquelle on regarde la pluie tomber interminablement, comme un songe qui ignore l'avant et l'après.

Il s'y ajoute une seconde raison tout à fait différente. Les moments primordiaux sont, pour ainsi dire, hors de nos prises. Il nous faudrait beaucoup de chance pour nous emparer de l'un d'entre eux. En quoi, il appartient à l'empire de l'ailleurs. Nous ne le soudons pas à notre existence actuelle, comme le reste de ce que nous avons vécu. Une vie antérieure : non point le début de cette vie qui se perpétue en nous mais une vie tout autre. C'est pourquoi l'on parle de pays plutôt que de lieux. L'expression, dans son indétermination, nous paraît plus convenable. Je me méfierai de ceux qui se croient capables d'indiquer avec une extrême précision les frontières et les pulsations de cette terre. En nous attachant à une terre natale, n'allons-nous pas renfermer notre existence, lui fixer une clôture ? Le plus grave, ce ne serait pas une nostalgie pleurnicheuse, le culte ambigu de la terre et des morts, mais une sensation d'enfermement, donc d'étouffement. Le risque n'est pas niable. Il en est qui veulent des tuteurs, des supports et qui jouissent de se ligoter à leur naissance. Et pourtant, l'origine, les origines, quelle plus grande chance peut-on espérer pour l'imaginaire ! Je ne sais rien — si ce n'est que je viens de loin, de très loin puisque la date de naissance consignée dans mon état civil n'est qu'un leurre. De loin, qu'est-ce à dire ? Que la distance de ce point supposé (est-ce un point ?) qui mériterait d'être nommé origine au moment que je vis, ne se compte pas en années, que si j'entreprends une enquête sincère, elle va m'enfoncer dans un passé de plus en plus immémorial. Je n'arriverai jamais jusqu'à ce pays d'où je viens. Nul Moïse ne me conduira jusqu'à lui...

Je récuserai évidemment des recherches naïves qui s'arrêteraient au moment où l'on a découvert mon père réel, mon berceau, mes premières couches. Si j'accorde quelque crédit au platonisme, s'il continue à me parler, ce n'est pas parce qu'il a réfléchi sur les conditions de la connaissance, ou parce qu'il a cru montrer que les essences excèdent l'empiricité ; c'est parce qu'il m'a révélé le sens d'une vastitude que je ne figure pas aussitôt sous la forme d'un arrière-monde ou d'un univers d'avant la chute. Cette quête d'un pays ou d'une langue natale ne peut pas connaître de terme. Elle me tourne, en ce qui me concerne, vers les rives d'un certain fleuve, vers une maison qui le jouxtait, mais déjà l'autre rive m'était quasi inaccessible et, une fois les portes de l'antique demeure entrebaillées, j'entrevois des bouches d'ombre, méditerranéennes ou stellaires. Cette terre qui m'a fait être ne suffit pas à m'originer, j'en appelle presque instantanément au monde tout entier, lichens et galaxies confondus. Mais alors j'ai peur de céder à un orgueil démesuré ou à une humilité excessive. Car, ou bien je me confonds avec l'univers dont je suis le co-auteur, je me saisis comme puissance naturante, ou bien je ne suis que l'une de ses conséquences les plus hasardeuses. Je reviens alors à une portion de terre plus modeste et qui figure sur la carte de France.

Nous avons bien dit « pays natal ». Mais alors, chaque fois que se produit en nous, pour nous, une authentique naissance, s'institue un pays qui mérite ce qualificatif. C'est, du même coup, perdre l'unicité du « pays natal » à laquelle nous accordions créance en vertu d'un réalisme territorial qui nous est naturel. De toute manière, puisque nous vivons dans l'illusion et l'espoir des commencements, nous devrons prendre garde à ne pas confondre toutes les sortes de rupture qui affectent la vie d'un homme — et ce moment bref, rare à partir duquel nous avons le sentiment de nous être rejoint après avoir tâtonné durant tant d'années ou encore de nous être donné la vie. Quand nous suscitons ou rencontrons cette expérience, la durée et l'espace jouent l'un et l'autre un rôle instaurateur. C'est parce que nous avons pris la décision de ne nous tenir que de nous-même ou que nous avons éprouvé le sentiment d'un bouleversement indubitable de notre existence, que tel lieu qui fut le témoin de la Conversion, de la Révolution ou de la Rencontre méritera d'être appelé natal. Mais, dans d'autres circonstances, et pour d'autres hommes, il leur faudra découvrir un certain paysage qui leur révélera que la terre leur est fraternelle, maternelle, paternelle (peu importe !) ou encore que tout est possible : le bonheur, la liberté, l'offrande de l'être, l'aperture de l'avenir.

Cette capacité d'inventer, à chaque instant, sa vie nous fascine. Nous avons, cependant, de la peine à créditer l'humanité d'un tel pouvoir inaugural. En outre, qu'en serait-il d'une terre qui renaîtrait, sans cesse, sous les pas de l'homme ? De quelles incisions nous blesserions le monde ? N'avons-nous pas plutôt l'expérience de lieux privilégiés qui ont leur mot à dire, dont nous ne disposons pas à notre guise, au génie desquels nous devons savoir nous plier, de traces que nous avons déposées ici ou là et qui sont comme les bribes d'une histoire confuse ?

Le pays natal, c'est tout autant ce à quoi l'on revient que ce dont on procède ou dont, pour être plus nuancé, il nous faudrait avoir subi l'exil, avoir perdu jusqu'au vertige nos repères pour pressentir qu'il y eut autrefois une origine indépassable, réfractaire à toutes nos distractions, à tous nos oublis. Nous ne devrions pas avoir honte de revenir sur nos pas et, après tant d'incertitudes, le retour au pays natal devrait s'opérer dans la gloire. On réinstaure celui qui avait été banni, on lui redonne au centuple ce qu'il avait perdu. C'est toujours, par quelque côté, le retour de l'enfant prodigue. L'exil paraît alors bienfaisant : sans lui aurait-on su apprécier des joies quotidiennes, modestes ; aurait-on bien aperçu la douceur de ce coteau, la clémence du ciel, le bonheur d'une vie que l'on n'a plus à inventer ? Une complicité des lieux qui ne peut être le fait du hasard ? L'inquiétude amère qui nous faisait désirer le départ vers les lointains, qui, pendant le jour, nous harcelait de sa mauvaise haleine et qui hantait nos nuits, a disparu. Nous savons maintenant qu'il n'y a pas d'ailleurs, qu'ailleurs nous étions maladroits, dépaysés, qu'au fond il n'était pas grand-chose. Il serait souhaitable que nous y ayons souffert, que l'on nous ait jeté dans une geôle, traité comme un malfaiteur, réduit en esclavage, que nous ayons attendu longtemps la levée d'écrou, pour qu'à chaque matin de notre liberté retrouvée, nous jouissions dans le pays natal d'être à nouveau reconnu : non point en nous couronnant, en nous accordant des honneurs exceptionnels mais en nous considérant comme un homme parmi les autres.

Les choses se passent rarement d'une manière aussi simple ou, plutôt, il faut entendre ce retour de deux façons.

S'il inaugure notre entrée dans un nouveau royaume qui nous était destiné mais auquel nous n'avons jamais eu accès et dont nous avions à peine le pressentiment, je crois à la gloire de ces retrouvailles. En revanche, s'il s'agit de revenir aux lieux dont nous fûmes expatriés, le bonheur risque d'être de courte durée. Nous paraissons ravis, et, très vite, notre existence irrite les gens du pays qui se mettent à penser avant de nous le dire ouvertement : « Mais pour qui se prend-il ? Que croit-il apercevoir que nous ne voyons pas ? Qu'il nous laisse vaquer à nos occupations. Et toi, le poète, le cheminot, le rêveur, on te prie de ne pas nous considérer comme des « demeurés » sous prétexte que nous sommes restés au pays. »

Quant à nous, cette terre dont nous avons rêvé pendant l'exil, est-ce celle-là même que nous retrouvons ? Tous les êtres que nous rencontrons nous disent clairement que ce ne sera jamais comme avant — et ces visages dont nous attendions une immédiateté lumineuse se mettent à parler faux, grotesque, à prononcer des paroles banales. Il nous reste à redécouvrir les lieux, même s'ils ont été modifiés. Car si les amis se sont dispersés, ont disparu, nous ont trahi en se trahissant, ont substitué à la peau de leur visage des masques de plâtre, le relief de ce coteau, non loin de l'école et du cimetière, a conservé à peu près sa forme, et réveille des souvenirs de promenade, des instants de bonheur. En dernière instance, en une ultime parade désespérée, un objet qui a échappé au regard des prédateurs, nous réaffirme que nous fûmes enfants et heureux en cet endroit-là. Donc, non point l'bjet qui, par sa nature, sa date de naissance, témoignerait d'une archéologie dont nous n'avons que faire et que l'on peut transporter ici et là dans nos parkings immobiliers, mais ce signe aperçu, contemplé en ce même lieu et nulle part ailleurs, en ce même lieu qu'il transfigure, l'instant d'une illusion.

Le retour, cette action que l'on croyait bénigne, pleine de douceur et de tendresse, n'a-t-il pas toujours, pour je ne sais quelles raisons obscures, quelque parenté avec le meurtre, avec le couteau du sacrificateur, avec le geste qui déchire les voiles et nous met en présence de l'insurmontable spectacle ? Il y aurait donc ceux qui ouvrent, distraitement et sans y penser, leurs valises après avoir bouclé leur aller-retour et ceux qui ont la conscience désespérée de toucher à l'origine.

Le retour au pays natal, même s'il ne s'accompagne pas d'un règlement de comptes, peut prendre une allure dramatique. Je suis revenu à deux ou trois reprises sur mes pas : je veux dire d'une manière solennelle et en y jouant mon cœur — en l'occurrence en revenant à mon village et à mon école de Saint-Pierre-de-Caubel. A partir de Montauban puisque je venais de Marseille, j'éprouvais une sorte de malaise qui se précisa quand je traversais la ville d'Agen. Je n'empruntais pas la route de Villeneuve-sur-Lot qui est la plus commode. Je préférais des trajets plus tourmentés, moins connus qui passent par Praissas et Dolmayrac. Il y a là une région du Lot-et-Garonne plus verdoyante et moins habitée. J'avais la tête d'un homme que l'on conduit à l'échafaud, au lieu de célébrer les noces du pruneau et du tabac, nos cultures royales les plus odorantes, au lieu de rajeunir de quelques décades. Cette angoisse insupportable, je ne la confondais pas avec l'anxiété d'un homme qui a peur de ne plus reconnaître ce qu'il a eu l'imprudence de déserter pendant aussi longtemps. J'avais nettement l'impression de franchir les derniers kilomètres qui me séparaient de la fin de ma vie. Pourquoi cette douleur et cette tristesse d'un agonisant ? Parce que je mesurais tout ce que j'avais vécu depuis mon enfance et que, selon toute vraissemblance, la plus grande partie du parcours avait été accomplie ? Parce que je venais de boucler la boucle et qu'il n'y avait plus rien à ajouter et que, m'eût-on accordé un surcroît d'existence, j'aurais parcouru la même boucle, sans l'enthousiasme de la première fois ? Parce que, et c'était le sentiment qui dominait en moi, je m'étais laissé avoir, « on » m'avait escroqué, abusé, j'avais laissé filer mon enfance, je m'étais laissé déporter hors de rives qui étaient les miennes, et que, d'ailleurs, même en demeurant au pays, je n'aurais pas échappé à cette immense et intolérable duperie.

Le plus navrant, c'était qu'il n'aurait pas été possible d'échapper au maléfice. J'étais presque irréprochable. J'avais goûté ce qui m'était offert, je n'avais pas été assez étourdi pour remettre au lendemain les plaisirs simples qui m'étaient présentés : les feux du mois d'août à Caubel, le goût du vin nouveau, les sons d'un orchestre qui, le samedi soir, emplissaient la nuit de la campagne, les cocasseries de ma vie de collégien à Villeneuve-sur-Lot, l'éblouissement de mes premiers mois en khâgne. Tout cela, je l'avais vécu comme une offrance et je n'avais pas, pour autant, garotté l'hémorragie temporelle. Quelle était donc cette lutte, de laquelle, quoi que l'on fît, l'on sortait amoindri, amoché, moins sûr de ses gestes, de sa mémoire, avec des mollesses dans la chair, de l'indétermination dans ses formes... Donc en parcourant ces derniers kilomètres, je compris que j'étais dans la situation de ces moribonds qui, dit-on, revoient en accéléré quelques moments forts de leur existence, à la limite toute la bobine de leur vie passée. J'aurais voulu ralentir cette marche-arrière infernale dont je n'avais pas décidé la commande. J'allais de plus en plus vite et, si je ne maîtrisais pas l'embardée, je m'écraserais sur un mur qui mettrait fin à mon aventure.

Quand je suis revenu une seconde fois, dans le Lot-et-

Garonne, j'ai voulu recommencer l'expérience, non par délectation morose ou parce qu'elle paraissait assez exceptionnelle mais, au contraire, pour m'assurer que, instruit par l'expérience, je pouvais vaincre le maléfice. A nouveau, je me suis senti comme un condamné à mort, je réclamais le silence, j'ai serré les dents pour ne pas gémir sur mon sort. Je n'ai pas pu déceler cette dégringolade vers l'ultime issue. Je me suis dit (idiotement) que je méritais mieux que cela. Et, les autres, eux aussi... Qu'avais-je à me plaindre d'une condition qui nous était commune ? Mais je n'ai jamais cru qu'un mal, parce qu'il était universel, recevait un début de justification. Surtout, nous sommes peu nombreux à avoir fait l'expérience de cette marche-arrière infernale. La plupart continuent à marcher devant eux et, quand ils jettent un regard dans le rétroviseur, ils glanent avec complaisance quelques souvenirs émouvants, sans effectuer, d'un seul jet, ce retour à la naissance et à la mort. Quand ils reviennent au pays natal, ils donnent leurs mains à baiser aux enfants, ils prennent des allures de patriarches et ils bénissent la foule. Ils sont tout heureux de vivre encore alors que la plupart de leurs camarades d'enfance ont disparu.

Ils doivent répéter avec le sens commun qu'il faut être raisonnable — chaque chose en son temps et chaque âge a ses plaisirs. Ceux qui parlent avec tant de sérénité du cycle des âges n'ont, sans doute, pas eu d'enfance, car on ne guérit jamais de la blessure grande ouverte des premières années. Et, par certains côtés, on ne vieillit pas. Quand je suis revenu à Saint-Pierre-de-Caubel, j'étais encore l'enfant rêveur de mon école primaire. Je ne comprenais pas que l'on eût affublé de ce gros corps une âme rêveuse, délicate, naïve. Mettre de l'ordre dans sa vie alors que je ne distingue pas plus qu'autrefois l'avant de l'après, la droite de la gauche.

Même à faible allure, l'auto qui me transportait d'Agen à Monclar d'Agenais devait rendre cette expérience plus douloureuse. A pied ou à vélo, je me serais acclimaté, j'aurais composé avec les lieux, j'aurais recouvert mon émotion d'une poignée de mots, d'une chanson de routes. Ce serait devenu une sorte de pèlerinage, le rappel d'une vie antérieure. En auto, je n'étais attentif qu'à cette embardée incontrôlable qui me rejetait en arrière jusqu'au néant. Je fonçais sur la fin d'une vie que je ne croyais pas aussi proche.

Je ne renie pas pour autant ce qui fut et ce que j'ai cru être mes origines. Je les provoque, je leur donne consistance et, toutefois, tout ne vient pas de moi. Elles ont la force des choses qui ont eu lieu et qui n'ont pas épuisé toute leur vigueur à exister. Elles me tirent à elles et je ne fais rien pour leur résister. Je me demande encore si mon origine n'est pas ailleurs que dans un lieu — plutôt dans une langue. Ce que je veux évoquer par là n'a pas de rapport à l'écriture et je n'ai pas la prétention de mériter le beau titre d'écrivain. Je pense plus modestement à une langue immergée dans une culture diffuse, humble, celle que j'ai reçue à l'école primaire. Si j'étais né dans les Flandres ou en Pays Basque ou en Corse, les choses auraient, sans doute, été moins claires : bilingue, j'aurais été un homme divisé et il m'aurait fallu choisir entre ce pays-là et la France. Je n'aurais pas répondu spontanément. Donc, en ce qui me concerne, une relation élémentaire aux mots de la langue française (y compris les règles plus compliquées de sa syntaxe et les bizarreries de son orthographe sur lesquelles je butais. Mais il arrive que l'on trébuche sur un sol qui devrait nous être tout à fait familier), une relation tout aussi élémentaire à des gestes, des intonations, des mouvements d'épaule, des notions d'arithmétique, de géographie, d'histoire. C'est donc dans une école qui sentait la craie et dont les murs étaient tapissés de cartes et de leçons de morale — que je suis né, non point par un goût de la culture qui m'aurait institué homme en me dénaturant, mais parce que ce fût pour moi un milieu au sens le plus géographique du terme. Je pourrais cesser de rêver à Antibes, à son fort carré et ses remparts, à Nice la Belle et je ne serais pas tout à fait un amputé (en ce qui concerne le Lot-et-Garonne, la chose est moins certaine). Mais si je perdais l'usage de la langue française, si je n'avais plus la familiarité de certains « rudiments » (comme on disait avec quelque roideur) et certains ciels, je frôlerais l'apraxie, je me sentirais amnésique, maladroit comme un animal que l'on a soustrait au milieu auquel il était destiné.

Au terme de ces quelques observations, le lecteur comprendra comment cette recherche des origines (non point des racines) associe l'école, l'enfance et la France. Je suis né dans une certaine langue qui me fut enseignée dans un certain type d'école, où je rencontrais d'autres camarades de mon âge (peu importait qu'ils fussent des garçons serviables ou des fayots, tous tenaient le rôle qui leur avait été assigné) et où l'on nous racontait l'histoire, la géographie, les manières, le génie d'une France légendaire qui, sans doute, n'avait jamais existé. C'est tout cela qui m'a donné le jour et qui a informé mes premières émotions.

Il m'a semblé que, l'âge venant, j'avais à parachever cette école, avec ses rites, ses objets familiers, ses moments de dévotion, ses grandes figures. Avec quelque chance, elle ferait de plus en plus partie de ma chair, de ma mémoire : une Ecole de Songes, tout comme notre père Bachelard sut nous réapprendre à rêver la Demeure. D'une façon naturelle, le vieil homme rejoint l'enfant, non point parce qu'ils balbutieraient l'un et l'autre, mais parce qu'ils savent oublier la vie ordinaire, trop tristement ordinaire, se dispenser des exigences futiles de ce monde, ouvrir les vannes de la rêverie ; puis revenir à ce même monde ennobli, restitué à son excellence. Le buvard, le livre d'occasion, le crack, le cancre, le fayot prennent place dans un unique cahier de vacances et ils convoquent le bel, l'éternel été.

Cette recherche demeurera incertaine. Elle bascule entre deux mouvements contraires. D'une part, avec les années, nous n'en finissons pas de nous éloigner de notre naissance. Un point infinitésimal qui disparaît à l'horizon et c'est parfois un autre siècle qui a succédé au précédent ; l'observateur non prévenu a de la peine à croire que ce vieillard sentencieux (celui-là même qui, en ce moment, ronronne autour de ces belles phrases) fut un gamin espiègle. Mais, d'autre part, nous sommes, ou plutôt nous nous croyons, en passe de découvrir nos origines. Ce n'est pas un gain dans l'ordre du savoir. Nous devenons plus respectueux du mystère des origines. Gardons-nous surtout de chercher à le dissiper, nous perdrions en densité existentielle, même si le pressentiment de ces ténèbres antécédentes nous angoisse parfois.

Je vais tenter de rejoindre ce pays natal, de lui donner les couleurs, la dignité qu'il mérite. J'aurais pu me contenter des images qui nous rendent visite un instant, mais parce que celles-ci sont fugaces, éphémères, ce sera plutôt avec des mots. En se sédimentant, en s'arc-boutant, ils prennent forme à la manière d'une demeure dans laquelle on peut se loger, que l'on peut rectifier, gauchir ou redresser. Le moment est venu de réinstaurer notre enfance, de la revisiter, d'entendre cette langue natale qui ne se confond pas avec les gazouillis et l'écholalie des bambins. « Entendre », l'expression ne devrait pas cacher ce qu'il y aura d'inventif et d'actif dans ce travail. Je ne tendrai pas seulement l'oreille. J'essaierai des accords et j'évaluerai leur justesse. Il me faudra une part de réussite pour « tomber juste » et ne pas me décourager quand, de toute évidence, je m'égarerai, je chanterai faux. Je devrai éviter un autre piège : ne pas bétonner cette demeure qui deviendrait alors comme une tombe, et il faut avouer que la tentation est bien grande d'échafauder un refuge qui nous tiendrait à l'abri des dernières vilenies, affronts du temps et des hommes. Mais je sais d'expérience que les véritables pays n'admettent pas la clôture. On les découvre dans les senteurs du soir (« les longs pays à tes pieds s'étendront »). Ils nous accompagnent dans nos marches vespérales ; ils ne se livrent jamais dans l'indécence d'un face à face.

CHOSES

Le cahier de vacances

Juillet va arriver bientôt comme autrefois. Les plus fortunés, ceux dont hélas, les parents s'occupaient sans répit, avaient à travailler un cahier de vacances. Quelle expression merveilleuse ! Un cahier de vacances comme il existe les portes de la nuit ou la clé de la mer. Et il est vrai que nous inscrivions nos vacances sur ce cahier : non point en ce sens que l'on tenait un journal de bord, au jour le jour, ce qui n'a jamais été bien probant et qui, bien vite, s'effiloche dans le banal ou dans le maniérisme, mais parce que ce cahier portait, malgré lui, les marques de ce que nous avions vécu, traversé : des taches de soleil, de rousseur, des gouttes d'eau de mer, de pluie, de sirop renversé. Nous l'ouvrions sans cesse, nous l'emportions partout avec nous, d'une ville d'eau à une station balnéaire et puis à un petit village du Centre, parce que le cœur n'y était pas et que nous n'avancions pas dans notre travail. L'heureuse conséquence de cette inconséquence, c'était que les incidents familiaux, les aléas atmosphériques, les caprices du cœur s'inscriraient sur ses pages. Juillet, beau juillet, août, août le magnifique, septembre doré entre tous les mois, et encore un jour d'octobre avant de le remettre à notre maître (lequel ? celui de l'année qui venait de s'écouler ou celui que nous aurions ? Il n'y avait pas de norme précise en ce primaire si bien réglé) ou de l'expédier au journal *La Dépêche du Midi*.

Je regardais, une dernière fois, avec émotion ce cahier où la rosée, le miel, le sel, le sable fin, les clairs de lune, l'odeur du raisin pressé, les vols de papillon, la douceur du Lot et de ses berges, l'arrivée impromptue d'un camarade tenaient autant de place que les problèmes d'arithmétiques ou les « révisions » de sciences naturelles. En le donnant au professeur ou en le postant avec quelque angoisse (ne risquait-il pas de se perdre ?), en me séparant de lui, je prenais conscience que, cette fois, les vacances étaient bel et bien terminées.

A la fin juin, nous l'avions reçu avec joie. Nous ne songions pas que nous passions ainsi une sorte de contrat moral et qu'il impliquait un travail non négligeable. Cet objet nouveau semblait contenir plus de fantaisie que nos livres habituels : quelques croquis humoristiques, des sujets de rédaction qui auraient dû ouvrir notre imagination, si nous n'avions pas préféré la laisser vagabonder dans les bois et les champs, des charades (en cinquième, j'ai eu des charades et des mots croisés en latin — ce qui me surprit. J'associais les jeux des Romains au cirque, aux fauves dévorant des chrétiens, aux combats de gladiateurs. Je réservais les mots croisés à une vieille tante qui, dès le matin, chaussait ses lunettes et s'en tirait fort bien). Ce qui nous alléchait aussi, c'est que nous écrivions nos réponses, nos textes à même le cahier de vacances. Nous avions le droit en vertu d'un privilège inconcevable de mêler nos réponses à des pages imprimées. Il faut se rappeler le prestige dont l'imprimé, quelque qu'il fût, jouissait à nos yeux. Nos parents étaient ahuris lorsqu'ils lisaient sur le journal le nom d'un voisin cité à la suite d'un accident de chasse ou d'une pêche abondante. Il eût été inconcevable d'inscrire, même au crayon, quelques annotations sur un livre. C'eût été l'abîmer en un temps où l'école transmettait les manuels d'année en année. Lorsque l'interdiction n'avait pas été respectée, il fallait gommer l'inscription : il demeurait une trace qui aidait le nouveau possesseur du livre ou qui lui révélait des réponses inexactes, d'une bêtise à rire.

Oui, on ne mélangeait pas en ces temps-là les torchons et les serviettes, la belle typographie d'un ouvrage et nos barbouillages, la quasi-éternité des manuels et nos essais de circonstance. Or, certains journaux comme *La Dépêche du Midi* ou comme *L'Eclaireur de Nice* nous promettaient de transgresser une ligne de partage aussi nette. Ils nous laissaient entendre qu'ils reproduiraient à la rentrée les meilleurs passages des meilleurs cahiers.

En quelques heures, en quelques minutes pour les plus pressés et les moins motivés, nous l'avions parcouru. C'était là notre calendrier d'été, celui qui rythmait nos trois mois de vacances. Nous lisions : lundi, mardi, mercredi..., le samedi et le dimanche, nous faisions relâche. Nous lisions, première, deuxième, troisième semaine. Un enfant indocile, cabochard (comme on disait alors et comme je le dis encore) aurait protesté, estimé que les adultes cherchaient à discipliner, émasculer, structurer ce temps du hors travail sur le mode de l'année scolaire. Pour nous qui étions moins soupçonneux et surtout plus rêveurs, nous croyions tenir dans le creux de notre main de folles espérances, toutes ces semaines vides qui nous auraient angoissés s'il n'y avait pas eu ces jalons. C'était assez émouvant, en cette fin de juin où la mer cessait d'être pâle et où le foin commençait à être coupé, de se dire que le mardi 24 juillet nous fêterions la Sainte-Christine et que nous aurions de l'arithmétique — tandis que le 13 août (jour de la Saint-Hippolyte), alors que les premiers lampions seraient installés sur la place centrale, il faudrait nous soumettre à l'exercice périlleux de la dictée. Nous savions pertinemment que nous ne nous plierions pas à cet emploi du temps, mais il était bon qu'il existât, que nous ayons à évaluer les charges du lundi (la dictée et les sciences naturelles) et du mardi (l'arithmétique et l'histoire). Nous étions, en cet instant, comme des badauds qui lisent à l'extérieur la carte du restaurant et s'esbaudissent parce que tout alors paraît bon et possible. Nos « transgressions » vacancières n'avaient de sens que par rapport à ces règles. Nous remplirions assez vite un mercredi de la première semaine qui se révélerait facile et nous buterions sur un vendredi de la première semaine. En principe, le cahier devait nous mener du plus facile au plus difficile — à tel point que nous étions décontenancés par la simplicité des premières questions, presque outrés que l'on ne nous considérât pas avec le respect dû à notre classe et à notre âge !

Nos performances se révéleraient sans rapport avec la graduation mûrement réfléchie, je le crois, de ce pseudo-calendrier scolaire, et ceci parce que notre bonne volonté et notre attention subissaient des à coups étonnants. Je m'étais baigné comme un jeune chien ; j'avais meurtri mes côtes d'enfant maigre contre les galets de la Promenade des Anglais ; j'étais saoul de soleil, de fatigue ; j'avais rêvé sur la plage de pan-bagnats géants et de litres de grenadine. Le repas de midi (de quatorze heures) pris, je dus me mettre à un problème d'arithmétique assez simple. Je n'avais pas droit à la table de multiplication et je n'arrivais pas à me rappeler la table de six qui n'est pas particulièrement difficile. Ma mère, une institutrice de la vieille école, était interdite. Elle croyait à une insolation ; elle hésitait à faire venir le docteur ; elle se demandait si je récupérerai mes facultés mentales. J'étais seulement en état d'ébriété vacancière, et j'aurais eu tout autant de peine à me servir d'une raquette de ping-pong. Hélas, ce ne fut pas un accident, je régressais de jour en jour à mesure que je m'éloignais des rives de juin, des terres de l'existence scolaire. L'« énervement » de la mer dont on faisait beaucoup de cas en ce temps-là ne pouvait me tenir lieu d'excuse. Nous avions regagné le Lot-et-Garonne où les nuits demeurent fraîches en plein été et où l'on évite le soleil autant qu'on le peut. La présence toute proche de mes petits camarades m'enfiévrait et m'ôtait toute capacité de « penser » à ce que j'écrivais. C'était une dictée. Je négligeais les accords qui ont réglé à jamais les modalités des participes, des verbes et des sujets aux compléments directs. Je dépassais les quinze fautes. Mon texte était si mauvais que ma mère en était venue à négliger les fautes d'accent qui, en général, lui permettaient de délibérer pour enlever un quart ou un demi-point selon les cas. Il fallait que le désastre fût irrémédiable pour qu'elle renonçât à cette casuistique langagière qui faisait ses délices. Elle constatait ma chute irrémédiable. Elle ne se décourageait point. Elle continua à me faire travailler au risque de me voir, à ce rythme, redescendre de deux classes. La plupart de mes camarades, dont les mères n'étaient pas dans l'enseignement, bâclaient leur cahier, en quelques jours, de préférence avant la rentrée.

Quant j'étais élève à Nice, mes camarades de classe disparaissaient de mon horizon à un certain moment des vacances, lorsque je me rendais ensuite dans le Lot-et-Garonne. Mes nouveaux camarades étaient, en tous points, différents : par la stature (ils étaient solides sur leurs jambes), par leur accent (parfumé, doux et qui sentait la prune violette) et surtout par leur centre d'intérêts : le monde animal et même celui des insectes leur étaient familiers alors que, pour les petits Niçois, il relevait soit de la légende, soit de « l'histoire naturelle ». Nous nous étions promis de nous écrire. Nos parents nous y encourageaient dans l'espoir (non avoué) que la lettre constituerait un début de rédaction (mais, voyons, mon petit, tu as tellement de choses à raconter). Nous le faisions rarement. Quand, par chance, une lettre me parvenait, j'étais ému, je percevais toute la distance qui me séparait de cet ami et de quelques autres copains (six cents kilomètres, c'était énorme à l'époque). Donc, en l'absence de ces lettres que nous n'écrivions pas, le cahier de vacances perpétuait une classe intemporelle. Il me restituait, à mille signes fugaces, le souvenir d'une colère du maître, et la farce d'un camarade, d'un chapitre qui nous avait paru obscur. Je chassais ce début de mélancolie. Je m'enfuyais dans la campagne du Lot-et-Garonne si parfumée, qui ne sentait pas la craie, la transpiration, l'odeur des livres et des cahiers.

J'ai été, à un certain moment de ma scolarité, élève d'une institution religieuse : elle comportait, entre autres singularités, celle d'opérer un classement des cahiers, et elle décernait en conséquence un premier prix, un second prix, des accessits de cahiers de vacances. Ces prix nous paraissaient curieux et n'avaient pas la même valeur que les autres (déjà les prix de récitation ou de dessin étaient, à nos yeux, dévalorisés). Le plus remarquable dans cette procédure, c'est que le classement était rendu public dès la fin octobre. Nous aurions, pour les autres matières, à lutter contre la défaillance, à doubler la mise au troisième trimestre — et, en l'occurrence, par une dérogation exceptionnelle, un prix était décerné en octobre, comme si l'année scolaire était déjà achevée. Le lauréat d'octobre pouvait se révéler un cancre et avoir décidé de ne pas travailler. Il redoublerait mais, avec un air narquois, il viendrait chercher, sur l'estrade, le prix et il recevrait l'accolade de l'un des pères.

Que s'était-il passé exactement ? Avait-il été aidé pour accomplir ses devoirs de vacances ? Avait-il pris le départ trop tôt comme certains coureurs de fond qui craquent au tiers de la course ? Existait-il des séries fastes et des séries noires ? On pouvait le croire puisque les parents de Chamborodac surent convaincre le supérieur d'accueillir leur fils dans la classe supérieure où il obtint, lui le redoublant repêché de justesse, le prix d'excellence. J'avais remarqué dans le cours de ma scolarité cette alternance : le pair m'était contraire. Je réussissais lors des premières années impaires. J'extrapolais mon avenir. La classe de première (où l'on présentait la première partie du Bac) était impaire. Mais la terminale ! Pour conjurer le danger, je décrétais qu'elle se situait hors numération. En fait, j'obtins ma seconde partie de justesse.

Cahiers de vacances, cahiers de l'enfance, cahiers de l'été, c'étaient aussi les cahiers de la France. Non point parce qu'ils comportaient beaucoup d'images, de reproduction de notre pays ; les plus belles affiches dans nos gares et le Tour de France suffisaient à rafraîchir notre mémoire, à mesurer la difficulté des cols, le péril des descentes, l'ardeur des climats, la forme des villes-vélodromes. Non, tout simplement, pendant trois mois, nous plongions nos cahiers dans nos prairies, dans nos nuits immenses et nous nous étonnions que la France fût si belle quand elle se libérait des vilenies de l'hiver et des contraintes de la vie quotidienne.

Car c'est pendant les mois d'été que nous découvrions le mieux la France. Je ne parle pas seulement des enfants des villes qui avaient la chance de vagabonder, émerveillés, au milieu de pays qu'ils ne connaissaient pas. A la campagne que nous ne quittions pas durant l'été, nous éprouvions la même expérience émouvante. L'école fermait et, parce qu'elle fermait, nous avions l'impression que l'on nous ouvrait toutes grandes les portes de la France, en l'occurrence de ce canton du Lot-et-Garonne qui allait jaunir, mûrir, roussir en longues nuits étoilées. C'était cela cet immense voyage qui ne nécessitait pas le moindre déplacement. On nous rendait à nos fermes, à nos champs, à cette rivière qui avait la coquetterie de s'appeler tantôt le Tolzat, tantôt le Tolzac.

Je vois une seconde raison qui n'est pas tout à fait différente. Les grandes vacances, on les inaugurait le dernier jour de l'année scolaire. Journée solennelle entre toutes parce que notre maître, qui nous aimait bien, avait du chagrin et contenait mal son émotion. Par son regard, par ses paroles pleines de noblesse, il nous instituait petits Français, de l'école de la troisième République, et j'ai, depuis toujours, associé la France et les beaux livres rouges à tranche dorée que l'on distribuait aux meilleurs d'entre nous. La France était un beau livre d'images que beaucoup d'adultes oublieraient plus tard de rouvrir — ou plutôt ils confondraient ces images immémoriales, sentimentales avec celles de nos syndicats d'initiative ou de cinéastes trop habiles pour être fidèles et humbles, attentifs. Il fallait parler d'elle avec courtoisie, respectueusement, l'évoquer avec une pointe d'humour pour dissimuler un excès de ferveur. Et, pourtant, il n'était pas question de renier la France réelle. Je confondais dans la même excellence toutes les moissons, celles du blé, de l'orge, mais aussi celles de ces petits d'hommes auxquels il fallait apprendre à compter, écrire, à ne pas tacher leurs vêtements, à se laver.

Quand les Allemands ont envahi la France en 40, et avec quelle célérité, ce qui me choqua le plus — sans doute naïvement —, ce fut la saison qu'ils avaient choisie. Ils venaient indûment moissonner ce qui avait mûri sur notre terre. Je ne pense pas seulement aux récoltes qui poussaient sur nos champs, en Bourgogne, en Auvergne, au bord de la Garonne, mais aussi à nos visages d'enfants, à toutes nos demeures, fenêtres ouvertes, balcons fleuris, draps blanchis à la grande lessive de printemps, qui s'apprêtaient à célébrer les beaux jours revenus. N'auraient-ils rien abîmé, détruit, confisqué que c'en aurait été trop... Ils n'avaient aucun droit de regard sur toutes ces choses qui avaient traversé l'hiver pour accéder à un surcroît d'être et de beauté. Ils n'avaient pas été conviés à nos fêtes de juin, à notre solstice. Les grandes vacances, ce n'était pas seulement ce que nous avions attendu à longueur d'année, quitte à ronchonner pendant les travaux des champs et à regretter les exercices mentaux tout de même moins fatigants, c'était le moment où la France s'exaltait, osait se montrer un peu folle, se permettait d'être belle, sans plus.

Le cahier de classe

J'avais beau être intéressé par l'école ; j'avais beau être un enfant soumis, je considérais déjà la « présentation » comme une chose inessentielle. Mes problèmes étaient justes ; je ne faisais pas beaucoup de fautes dans une dictée, mais mon cahier était un véritable torchon. Cette appréciation de mes maîtres qui aurait voulu être insultante me laissait froid. Il me semblait même qu'une écriture trop docile, un travail trop soigné manifestaient un manque certain de personnalité, une complaisance suspecte à l'égard du maître. Mes professeurs et mes camarades se trouvaient confrontés à une sorte de scandale ontologique. Par mes réussites intellectuelles, j'introduisais un schisme dans une adéquation qui leur paraissait fondamentale, entre le savoir et l'apparaître. On pouvait donc faire une multiplication (exacte) avec des chiffres qui n'étaient pas mis les uns sous les autres, une dictée convenable avec des mots écrits à la hâte. Un de mes maîtres, en huitième, entreprit de redresser ce fâcheux état de choses et de rétablir l'ordre du monde. C'était de sa part chose facile. Il lui suffisait de mal déchiffrer mes chiffres et mes mots. Le reste de la classe se mit de nouveau à respirer. Cette cascade de mauvaises notes me surprit et c'est à partir de ce malheureux incident que je commençais à réfléchir en philosophe ; c'est-à-dire à me demander comment user de ma liberté face au défi qui m'était adressé. Me révolter (en vain) contre ce que je considérais comme une injustice ? Consentir à ce qui m'arrivait en comprenant qu'un plus grand bien (l'ordre des choses, le respect des convenances) naissait d'un mal particulier (mes mauvaises notes, le chagrin qu'elles suscitaient, le mécontement de mes parents) ? Que de questions profondes dans la tête d'un enfant de neuf ans ! J'adoptais avec quelque ironie la seconde attitude et je me permis de sourire d'un air complice le jour où le maître me crédita de neuf fautes que je n'avais pas commises. Il hésita quelques instants avant de réagir à son tour. Un début d'intelligence avait dû lui souffler que je lui venais en aide, que j'entendais ses grands desseins : celui d'un simple instituteur promu instrument de la Loi, grand chambellan des affaires de ce monde... Il s'arrêta, dans sa réflexion, au moment de comprendre que je le comprenais. Il s'en tint à l'interprétation la plus facile, donc la plus bête, à savoir que j'étais mauvais en orthographe, que mon écriture était illisible et que, de surcroît, j'étais insolent.

L'application de mes camarades à bien tenir leur cahier me surprenait. J'aimais calculer toutes choses. Quand je m'ennuyais à entendre réciter une leçon que je connaissais par cœur, j'essayais de chiffrer, même approximativement, le nombre de traits tirés, de caractères formés que l'ensemble des cahiers de mes camarades contenait. Le chiffre devait être considérable. Que l'on tire droit un trait une fois, deux fois, cent fois, cela ne m'étonnait outre mesure, mais à la centième fois, n'était-on pas pris du désir de zigzaguer un peu ! Il fallait souligner le titre mais si la phrase essentielle se trouvait dans le texte lui-même ? Aller à la ligne mais si l'on jugeait bon de composer une page compacte ? Mes camarades ne pouvaient être vertueux à ce point. Ils devaient sérieusement manquer de fantaisie et, si je continuais à être fantasque, les hommes me mépriseraient et me snoberaient comme un dangereux farfelu. Ou bien mes frasques m'attireraient des ennuis, ou bien je choisirais le métier d'enseignant où il est permis de jouer, de faire le clown quand on l'entend et tant pis si les élèves, sérieux comme des papes, exigent tristesse et componction. Je me promettais de « tester » à la récréation mes petits camarades, mais alors je pensai à autre chose.

Ce qui confortait le privilège du cahier, c'est qu'il ne sortait de la classe qu'en des circonstances exceptionnelles. Il ne nous était permis de le rapporter chez nous qu'une fois par trimestre et ceci pour le montrer à nos parents. En la circonstance, le maître, plutôt exigeant, ajoutait quelques remarques rarement flatteuses. Donc prendre le cahier de classe avec nous eût été aussi inconcevable qu'emporter la blouse, la pipe du maître et, pourquoi pas alors, les pupitres, les cartes murales, les encriers, les bancs de l'école. Or, quand nous chipions un bout de craie pour jouer à la marelle, nous avions conscience de nous emparer d'un bien qui revenait à la commune ou à l'Etap. Quel respect des deniers du bien public ! Quelques malins, cependant, échappaient à la vigilance du maître et ils échangeaient des bouts de craie de couleur contre nos billes. Cet échange se produisait clandestinement et il prenait les allures d'un trafic de piastres. L'un d'entre eux se montra plus gourmand, il tenta quelque chose qui était comme le casse du siècle de notre école primaire ; pendant la récréation, il avait mis la main sur une boîte de craies qui n'avait pas été entamée. Elle se trouvait dans une sorte de réserve où le maître déposait sa blouse, quelques effets personnels. Ce dernier découvrirait le larcin bien plus tard, trop tard ; il n'aurait comme arme que de faire appel à la dénonciation — ce qui était contraire à nos mœurs — et de faire pleuvoir quelques sanctions collectives. Hélas, notre camarade ne put résister à la joie de contempler ses craies. Il ouvrit la boîte : tant de craies aux couleurs différentes. Il succombait à l'extase, il chérissait déjà sa cassette, et je suis persuadé qu'il l'aurait laissée intacte pour s'adonner au bonheur le plus simple, celui du pur amour. Le ravissement était si grand qu'il n'entendit même pas le maître s'approcher de lui. Il porta, pendant une semaine, au dos de sa blouse, une pancarte sur laquelle était écrit : « Je suis un voleur ». Nous avons, depuis cet incident, connu tellement de forfaitures que je trouve cette sanction bien dure, et, si les dimensions de l'écriteau devaient en toute logique être proportionnelles à la taille du crime, nous aurions, chez certains promoteurs ou hommes publics, des pancartes de la taille d'un building. Et, pourtant, la punition ne nous parut pas exagérée. D'abord, c'est sa menace qui rendait fascinant cet innocent trafic. Ensuite, l'école primaire, c'était le respect des règles d'orthographe, les quatre opérations, parfois la preuve par neuf et aussi la transmission d'une morale élémentaire, républicaine.

Nous n'avions pas le droit d'emporter le cahier. Il avait la fixité, la pesanteur symbolique (puisqu'il n'était pas bien gros) des livres de messe qui figuraient sur l'autel de notre église et que l'on intervertissait bizarrement à un certain moment de la cérémonie religieuse. Là encore, nous n'aurions pas songé qu'il fût possible de le ranger parmi nos objets quotidiens, dans nos lieux familiers. Autant y introduire un ostensoir ou un ciboire ; or nous n'étions pas à une époque où le commerce des objets sacrés battait son plein et où un confessionnal occupait l'un des coins d'un living. Je crois que cette interdiction ne nous pesait pas, que nous la trouvions émouvante. Quand j'étais à la primaire dans le Lot-et-Garonne, nous vivions au milieu des bêtes, du souffle des vaches qui nous réchauffait pendant la nuit. Nous nous ébattions au milieu de la paille, du fumier, nous tripotions mille choses, nous avions la fierté d'avoir des mains calleuses, sales comme celles de nos parents. Nous ne les lavions pratiquement que pour aller en classe et, alors, nos mains se métamorphosaient au contact du beau cahier. Elles ne vivaient plus dans l'approximation d'une brouette ou d'un seau que l'on transporte. Elles avaient (presque!) la précision d'un orfèvre qui cisèle des bijoux (j'exagère à peine puisque tout se jouait au centimètre sur le cahier alors que nous vivions, dans notre existence quotidienne, à l'échelle des hectares). De grossières, elles devenaient fines, de folles, ardentes et rudes, respectueuses. Elles se « dégourdissaient » — entendez l'expression à la lettre: elles se délivraient peu à peu de leur engourdissement, celui du froid, celui des matières dures et qui écorchent, celui des ronces qui blessent et des engelures qui gonflent les doigts. Nous avons eu la chance, chaque matin et pendant des années, d'assister à cette métamorphose d'une partie de notre corps. Nos mains intelligentes, subtiles, et alors, pourquoi pas! le reste de notre être suivrait.

Le cahier, le beau cahier, l'absent de toutes nos prairies, de nos greniers, de notre cuisine commune un peu enfumée, des jurons des hommes et du marmonnement des vieilles. Le monde bougeait, la terre fermentait, les arbres criaient leur joie de fleurir au printemps. Le Tolzat gonflait et lui, le ruisselet, en arrivait à se prendre pour un fleuve, le corsage des filles prenait forme — tandis que nos cahiers reposaient sagement dans la classe, ignorants de toutes nos turbulences, des caprices de notre univers sublunaire.

Nous pouvions tout nous permettre ; faire les pires bêtises, traverser la gadouille et le gel de l'hiver – par la vertu de ce point fixe, immuable, qui était notre cahier. Le point fixe réclamé par Archimède pour tenir lieu de levier au monde, l'astre pur soustrait au mouvement et qui permet au devenir de n'être pas tout à fait affolé, c'était le cahier.

J'ai été ballotté entre deux existences (que d'indécision dans mon existence ; de surcroît, je suis né sous les auspices des Gémeaux !) et, comme je l'ai déjà dit, il m'est arrivé de séjourner sur la côte d'Azur. Ma mère était alors institutrice à Nice, et elle habitait, cependant, Cannes. Chaque semaine, elle emportait chez elle les cahiers de sa classe pour les corriger et pour en surveiller la tenue. Elle faisait donc le voyage avec un chargement invraisemblable. A la maison, elle les posait sur une vaste table, elle les ouvrait à la dernière page écrite par les élèves et elle les emboîtait les uns dans les autres. La pile était encore plus impressionnante. Je ne rêvais pas autour de ses corrections (je ne me sentais pas solidaire de ses élèves). Ce qui éveillait mon imagination, c'était le « transfert » (comme on dit transfert de fonds) d'une matière aussi précieuse. Comme ma mère était d'une nature anxieuse, elle a dû souvent accomplir le trajet dans la crainte et le tremblement. Elle empruntait un car aux environs de six heures pour se rendre de Cannes à Nice, elle se levait beaucoup plus tôt. Je l'imagine partant, ainsi chargée comme une femme de peine, à l'aube. Les arrêts du car qui la mèneraient jusqu'à son lieu de travail seraient nombreux. Elle réviserait, dans sa tête, pendant le parcours les leçons de la journée.

Je m'aperçois que je n'ai pas oublié la leçon de ma mère. Je n'aurais pas pu me lever aussi tôt qu'elle. Je n'aurais pas eu le courage de sauver l'orthographe et la correction de la langue française. Cependant, j'ai éprouvé un plaisir qui s'apparente au sien. J'étais très heureux de rentrer chez moi, la serviette bourrée de copies de philosophie parce que mes élèves avaient composé ou m'avaient remis une dissertation. Je pelotais, pour ainsi dire, mon cartable, avant d'en extraire la matière écrite. L'abondance des travaux, loin de me faire redouter une longue et fastidieuse correction, me remplissait de joie. Le sentiment d'une récolte et de moissonner après avoir semé. Je n'étais pas seulement un marchand de paroles, de bonnes paroles, de sommeil. J'avais éveillé des esprits et la verve de certains paragraphes me rassurait : ils éprouvaient de la joie à réfléchir. Mais aussi, et je m'en rends compte maintenant, c'était une sorte de commémoration. Je recommençais les gestes de ma mère qui, pourtant, avait toujours douté de mon sérieux et que mes paroles plaisantes excédaient. En un sens, ce que je faisais, avait moins de poids, moins de « fond » : des copies et non des cahiers, des dissertations avec des ratures, des conclusions bâclées et non des pages calligraphiées avec une plume Sergent-Major. Ceci reconnu, à ma manière, je redisais la messe de ma mère.

Le cahier de textes

Ce cahier tenait un rôle exceptionnel lors de la visite de l'inspecteur primaire. Cette journée privilégiée demeurerait longtemps dans nos mémoires d'enfant. Il venait de loin, d'une sous-préfecture ou d'une préfecture, dans une vieille auto, sauf un original que nous vîmes arriver dans un vacarme considérable, sur sa moto. Il avait effrayé les poules, mis à mal un canard. Il fallut qu'il décline son identité pour que la fermière cesse de l'insulter. L'inspecteur primaire avait, en général, une allure noble, il faisait beaucoup d'effort pour ne point nous intimider, pour se « mettre à notre portée », pour encourager le « jeune » maître. Mais tous ces efforts prouvaient à quel point il n'était pas des nôtres. Nous aurions dû être les acteurs de cette scène. Nous en étions plutôt les spectateurs à divers titres. Nous sentions bien que c'était au tour du maître d'être contrôlé, inspecté, noté : s'il nous était sympathique, nous tremblions pour lui. Un adulte qui nous impressionnait et qui manifestait de l'effroi, c'était de toute manière un événement rare. Nous soupçonnions qu'il existait des degrés dans le savoir, dans la hiérarchie sociale. A Saint-Pierre-de-Caubel, notre maître paraissait venir des villes, mais l'inspecteur semblait advenir d'une ville encore plus policée, plus urbaine, et, de ce fait, l'instituteur était rejeté, lui aussi, dans la cambrousse. Ensuite, tout était bousculé. C'était un dimanche en pleine semaine. Nos mères nous avaient savonnés, récurés, comme elles ne le faisaient jamais (l'honneur du village était en jeu). Nous avançions tant bien que mal dans nos souliers neufs, attentifs à ne pas mêler de la poussière au vernis noir. Il fallait ne pas se gratter le nez, ne pas laisser tomber une règle.

Nous ferions semblant de participer à un simulacre de cours. On nous donnait en représentation. De là bien des bêtises. Nous avions perdu nos repères sensoriels. Notre voisin n'avait plus son odeur habituelle, le petit camarade de devant ne nous présentait plus un tablier déchiré et nous-mêmes, nous ne pouvions plus reposer notre attention en cherchant une croûte dans notre narine. Dépaysés comme des émigrés, désorientés comme des prisonniers de guerre qui retrouvent leur village après quatre ans d'absence, c'étaient, en général, les plus cancres qui levaient le doigt, non point par malice et pour déconsidérer leur maître, mais ils trouvaient là l'occasion, qui ne se reproduirait plus, de manifester leur intelligence, de « racheter » par une réponse pertinente une accumulation impressionnante de mauvaises notes, de fautes d'orthographe, de leçons mal apprises. Ils levaient le doigt avec tellement d'autorité que, dans un premier temps, le maître et nous-mêmes étions dupes. « Chamboreduc a dû trouver ». La réponse était d'une bêtise cocasse, ébahissait l'inspecteur. Quant à nous, parce que nous étions déjà excités, nous n'arrivions plus à contrôler nos rires. Les plus intelligents étaient alors interrogés par notre instituteur mais, en ces circonstances exceptionnelles, ils estimaient qu'ils devaient trouver une réponse fort ingénieuse, et, selon l'expression, « ils cherchaient midi à quatorze heures », et ils disaient, eux aussi, des choses absurdes. Au fur et à mesure, les événements prenaient un air d'irréalité. Nous n'étions plus dans notre petite école de Saint-Pierre-de-Caubel, mais dans un studio de cinéma. L'inspecteur fut, une fois, victime de cette contagion nerveuse. Il se mit à rire plus fort que nous, et sans pouvoir s'arrêter, ce qui augmenta nos rires. Puis, tout à coup, l'effroi succéda au chahut sonore. Nous aidâmes le maître à porter l'inspecteur en plein air, sous le préau. Il lui rafraîchit le front. Une fois revenu à lui, l'inspecteur préféra ne pas continuer son contrôle et, au lieu de se diriger vers Monclar, il retourna sagement à Agen.

La plupart des inspecteurs connaissaient ces simulacres, cette classe-postiche dont on ravivait les couleurs comme une gare de préfecture avant la visite du président de la République. En conséquence, ils demandaient qu'on leur présente quelques cahiers choisis au hasard. Ils les regardaient minutieusement, puis ils nous interrogeaient, mais leur opinion était déjà formée. Ils examinaient aussi le cahier de textes mis à jour par l'instituteur, puis, plus tard, dans le secondaire, tenu par un élève. Ce cahier de textes était encore plus solennel que nos cahiers. Il figurait la mesure de nos travaux, l'avancement du programme. Si un élève prétendait qu'on ne nous avait pas demandé d'apprendre cette leçon-là, on se reportait au cahier de textes. En classe de terminale, on inscrivait une clôture de la remise des copies tout comme il existe une clôture de la saison de la pêche, de la chasse. Nous obtenions une remise de quelques jours, comme le contribuable pour le paiement du dernier tiers provisionnel.

Je devais être un enseignant indifférent à l'égard de tous les règlements puisque, devenu à mon tour professeur de philosophie, j'avais confié le cahier de textes à un élève brouillon qui s'en fichait totalement. La classe ne s'en portait pas plus mal. Kant ne perdait pas en route l'une des deux formes de la sensibilité humaine et Bergson continuait à opposer la morale ouverte et la morale close. Le scandale, car c'en fut un, éclata , au grand jour, avec la visite de l'inspecteur général. Mon élève avait brouillé les dates, il passait d'avril à février, comme si le temps n'était pas irréversible. Il écrivait sur ce cahier ce qui lui passait par la tête, la chimie apparaissait à la rubrique « philosophie ». Tout ceci se passait et se déclara dans une école militaire, d'ailleurs fort libérale. Tout un cérémonial bien réglé accueillait les inspecteurs généraux. On hissait le drapeau tricolore à l'entrée de l'école, ce qui, en outre, constituait un avertissement pour nous autres enseignants. Mais était-ce un inspecteur général de philosophie ou de mathématiques ? Il aurait fallu que l'on hisse le drapeau à des hauteurs différentes selon la matière (seulement on imagine sans mal des susceptibilités blessées, des querelles de préséance). Donc, mon inspecteur général, homme fort courtois, mais à cheval sur le rituel, attendait encore plus de rigueur dans une école militaire. Pour un peu, il aurait inspecté les chaussures des élèves, il leur aurait demandé si la soupe était bonne et leur aurait tapoté la joue. Il leur aurait parlé de la grande guerre qui l'avait fort marqué. Première circonstance fâcheuse, je n'étais pas rasé, car, de peau délicate, je ne me rasais qu'un jour sur deux. Il crut d'abord que je m'étais trompé de cahier, mais non, c'était bien le cahier de textes et je ne pouvais pas en inventer, en produire un second pour ne pas perdre la face. Quand il entrait dans un classe, il quittait son chapeau pour mettre un béret sous lequel sa tête, je pense, devait être plus à l'aise. Il passait du noble à l'intime, de la vie publique à un entretien avec de jeunes esprits. Je le vis hésiter entre le chapeau qu'il venait de quitter et le béret qu'il continuait à garder dans ses mains. Les élèves ne comprenaient rien à ce manège. Ce monsieur d'un certain âge n'était quand même pas venu leur vendre des couvre-chefs ! Je supputais le débat, le déchirement. Je respirais quand il eut consenti à mettre son béret. Par bonheur, il avait pratiqué le tennis que j'aimais et à propos des habitudes motrices, nous pûmes échanger quelques souvenirs de raquette. Comme moi, il estimait que les jeunes filles et les jeunes femmes ne devaient pas s'adonner à cet exercice violent. Mais s'étendre mollement (lascivement) pour contempler, applaudir leurs amis, sur la pelouse. Je fis disparaître ce maudit cahier de textes entre un lob et un smash. Il nous quitta assez vite pour se rendre auprès du colonel de l'école qui l'avait invité à prendre le thé.

Le cahier de notes

Ce cahier de notes aura tenu un rôle considérable dans ma vie d'écolier. Quand il était mauvais, je commençais à ruminer mon embarras pendant le chocolat au lait que je prenais en guise de goûter. Il me faudrait présenter ce maudit cahier avant le lendemain, donc à la fin du repas du soir puisque je me couchais immédiatement après avoir dîné. Je traînais, d'une façon interminable, alors que j'avais toutes les peines du monde à avaler quoi que ce soit. Comment expliquer mes résultats médiocres alors que je ne ménageais pas ma peine ! Ceux-ci, bons ou mauvais, me paraissaient sans rapport avec mon degré d'application. Si j'avais lu Malebranche, j'aurais compris que l'attention (et donc l'intellection) est une prière naturelle que l'esprit adresse à la Vérité et qu'il ne dépend pas de lui d'être ou non exaucé. De fait, après une année catastrophique, dans la classe suivante, je me mis à lire le latin et le grec comme s'ils avaient eu pour moi la clarté d'une langue natale. Je traçais les lignes auxiliaires qui modifiaient une figure et qui me permettaient de démontrer un théorème. Or, l'année précédente, j'étais étonné que d'autres entendent un texte qui m'apparaissait opaque, rébarbatif, hostile. Maintenant, j'étais interdit que mes camarades se compliquent la besogne, qu'ils n'empruntent pas la voie la plus simple et la plus commode. Le texte de la composition me paraissait facile, on ne pourrait pas nous départager puisque nous ne commettrions pas de contresens. J'allais très vite. Je communiquais à mes voisins mes résultats ou je posais ma feuille en évidence et je m'appliquais à bien écrire. Ils en faisaient mauvais usage puisqu'ils obtenaient des notes médiocres.

Ces observations, ces résultats inexplicables en dents de scie me confirmaient que nous étions soumis à un univers magique, que nous nous échappions à nous-mêmes, que devant un problème ou une version nous avions ou non la main heureuse. Au début d'une composition, je touchais mon Gaffiot ou mon Bailly, comme le joueur caresse le ballon et l'essuie avant de tirer le pénalty. Mon carnet de notes, quand il était médiocre, attestait que j'étais maudit, je n'osais plus montrer mon visage (défait, défiguré ?) aux amis de mes parents. Car, en ce temps-là, on ne parlait pas du Portugal ou de la Turquie, où aucun d'entre nous n'était encore allé. La conversation s'orientait inévitablement du côté de la scolarité des enfants. Je devais trouver un prétexte pour m'absenter et pour échapper à l'humiliation : pas trop tard quand le sujet avait déjà été abordé, pas trop tôt car lorsque je serais revenu, il aurait peut-être été encore tenu en réserve. Je craignais, entre toutes, Madame Lionewski qui avait l'art d'égratigner la plaie, de me faire rougir et de faire honte, de surcroît, à mes parents. Mes parents étrangement rationalistes en ce domaine (en d'autres circonstances, ils s'abandonnaient à la magie, ils avaient une grande confiance dans les « guérisseurs » malgré le scepticisme de mon frère médecin) pensaient que le sérieux et la réussite scolaire ou sociale allaient de pair. Ils voulaient à tout prix trouver une cause claire, repérable, là où il n'en existait point : la croissance, un dérèglement hormonal, ma distraction, une mauvaise pédagogie (on n'usait pas de ce terme ; on disait plutôt « un professeur instruit mais qui ne savait pas expliquer »). De fait, ils n'échappaient pas à l'irrationnel : la distraction ? Mais comment expliquer que l'on soit distrait alors que l'on cherche à être attentif de toutes ses forces ? La croissance ? Mais quelle était cette poussée qui allongeait mes membres, qui travaillait ma chair et mes os ? Le dérèglement hormonal ? Ces glandes internes étaient mal connues, leur influence sans rapport avec leur propre taille. La mauvaise pédagogie ? Là encore, comment se faisait-il qu'une classe, qu'un enfant entre ou non en sympathie intellectuelle avec un professeur ? On aurait aimé que j'avoue une faute. Je n'avais rien à confesser et je n'étais pas assez fourbe ou assez galéjeur pour inventer un aveu qui m'aurait assuré la paix.

Quand mes notes furent par trop mauvaises, je me décidais à signer le carnet à la place de mes parents ou plutôt à le faire signer par l'un de mes camarades, Léon Audibert : parce que je n'osais pas emprunter l'identité de mes parents, et aussi de peur de me livrer à une maladroite imitation car les enseignants regardaient de près les signatures supposées des parents. Après cette fausse signature, il me devint impossible de montrer le cahier de notes à mes parents. Le mensonge entraîne le mensonge. J'inventais des « histoires extraordinaires » pour justifier l'absence de cahier. En outre, il m'était difficile de cacher ce maudit cahier dans un appartement qui était rangé et alors que mes parents avaient droit de regard sur toutes mes affaires. Je fis comme les vieux de cette époque avec leur argent ou leurs titres : je le plaçais sous un matelas où ma mère le découvrit, un jour de grand ménage. Le crime lui parut si grave qu'elle n'osa pas le rapporter à mon père. Elle le confia à mon frère aîné qui avait déjà terminé ses études de médecine. Ce dernier, qui avait rejoint les forces du maquis dans le Midi, avait d'autres soucis en tête. Il fit semblant de me réprimander et, avec cet humour qu'il avait acquis au contact du danger, il me dit que « les faux » (faux billets, fausses cartes d'alimentation) n'étaient permis que dans la résistance. J'opinai de la tête ; j'en conclus déjà qu'il était difficile de démêler le Bien du Mal, qu'il y avait donc de bons et de mauvais faussaires.

La note, seule, si elle n'était pas accompagnée du classement, me paraissait une orpheline et elle limitait les combinaisons possibles. Auprès de nos parents, nous jouions sur l'une ou sur l'autre. Nous étions vingt-sixième sur trente-deux élèves, mais avec un onze fort honorable ou, au contraire, un six en mathématiques était racheté par une place de septième. Précisément, en mathématiques, il suffisait de répondre à une question auxiliaire, en apparence minuscule, pour gagner du même coup huit ou neuf places, pour être onzième et non vingtième. Les professeurs bienveillants multipliaient les ex aequo. Il n'y eut jamais chez eux de dernier, mais six élèves à la vingt-sixième place. La remise des notes d'une composition nous donnait l'occasion de vivre un temps très fort, jubilatoire ou sinistre. Le maître partait du premier : on en était maintenant au huitième et le quatrième continuait à savourer sa place. L'écharpe de sa classe se déroulait en ce jour-là d'une certaine manière et, le mois suivant, elle aurait une autre texture. Quand le professeur en était arrivé au vingtième, je désirais ne plus entendre mon nom. C'eût été le signe que ma copie avait été égarée et que j'étais hors d'affaire. Je respirais en ne m'entendant pas appeler à la vingt-troisième ou à la vingt-quatrième place. Je serais soulagé à la fin de l'appel. Hélas, une bouche maudite prononça mon nom à la trente-deuxième. Je ne me levais pas comme il était d'usage, je dénonçais cette identité qu'on voulait coller sur mon visage, j'agissais comme les relégués politiques, les hommes traqués, les condamnés à mort qui refusent de s'identifier à un destin qui n'est pas le le leur. Le maître fut assez sagace pour comprendre le sens de mon refus et pour ne pas le considérer comme une marque d'impolitesse. Nous étions moins nombreux dans les cours à option comme l'allemand. Cet allègement se révélait à double tranchant : être cinquième quand on oubliait que l'on était sept, se révélait une place honorable mais, en revanche, les bonnes places paraissaient moins honorifiques.

Ce que je redoutais le plus (ce que nous redoutions le plus, à part quelques cancres sur lesquels la pluie des mauvaises notes glissait comme une averse sur le plumage d'un canard de nos fermes lot-et-garonnaises), c'était la sanction du zéro. Et, pourtant, il avait l'allure harmonieuse, équitable, sereine d'un cercle, mais nos maîtres l'étiraient en hauteur pour qu'il n'y eût pas de confusion dans nos esprits elliptiques. Tandis que le « o » se prononçait avec la bouche en cœur, le zéro en appelait à une diction plus vive et comme lacérante. En outre, en soi, d'une façon métaphysique et en dehors des conséquences fâcheuses qu'il entraînerait dans ma vie d'écolier, l'existence du zéro constituait pour moi un scandale ontologique. Il n'était rien et on lui accordait une importance considérable dans les décimales, les multiplications ; il jouait, superbe, dérisoire et diligent, les maîtres-Jacques de l'arithmétique. On en venait à oublier le un qui était le premier des chiffres. Je ne comprenais pas que l'on puisse s'arrêter dans une reculade à ce chiffre-là (je n'avais pas à l'esprit le jeu des dettes). C'était aussi absurde que de prétendre que l'eau ne s'échauffe plus au-delà de cent degrés ou qu'il existe un absolu du froid au-dessous duquel on ne descend pas.

Le zéro ne suffisait pas à certains de nos maîtres. Ils savaient d'instinct que l'enfant s'habitue à la médiocrité ou à la malchance. Il leur fallait forcer le trait. Ils parlaient d'un zéro pointé ou ils le soulignaient. Plus subtils, ils le traçaient à l'encre rouge avec élégance, à la manière d'une caresse. On sentait qu'ils l'avaient dessiné plus qu'écrit et, par cette joliesse, ils redoublaient la marque de l'infamie ou encore ils nous traitaient de double-zéro comme si, démentant leurs propres leçons, on pouvait multiplier le zéro par lui-même et le rendre plus nul. Les partisans du qualitatif préféraient la sémantique à l'arithmétique. Ils évoquaient avec une pointe de commisération notre nullité, ils déploraient notre médiocrité « indécrottable ». Du point extrême de la chute, je veux dire du zéro, un élève pouvait espérer remonter à la surface après un violent appel du pied du fond des abîmes. Mais non, nous étions destinés à croupir dans la médiocrité, dans la vase avec les petits esprits, les cerveaux chétifs. Dans cette arithmétique fine, les zéro virgule cinq, les un virgule cinq nous vexaient davantage. Nous avions donc accouché d'un avorton de note et, à certains égards, le zéro nous eût paru préférable à un huit ou à un neuf en rédaction ou en dissertation française. Nous aurions eu l'espoir de ne pas avoir été compris au lieu d'être rangés parmi les faibles. Quant à ne pas réussir, au moins bénéficier du doute : était-il un génie ou un fou, en avance ou en retard sur ceux qui le corrigeaient ?

Un de mes professeurs de latin moins pervers que celui qui mettait tant de soin à dessiner ses zéros avait institué un système négatif pour « apprécier » nos thèmes latins.

Quand un barbarisme coûte quatre points et un solécisme trois points, il n'est pas difficile de dilapider le capital de vingt points dont on était crédité au départ. Le meilleur obtenait moins quatre tandis que d'autres avoisinaient moins trente, moins trente-cinq. Il croyait nous faire honte et nous montrer que jamais nous n'approcherions de l'élégance de Pline ou de la correction impeccable de Cicéron. L'effet de surprise passé, ce fut un rire général. Puisque les sommets nous étaient interdits, il nous restait à pulvériser les records de plongée. L'un d'entre nous obtint moins quatre-vingt-deux. Ce record ne fut jamais dépassé car nous fûmes découragés dans nos tentatives solécisantes et barbarisantes, nous rendant compte qu'il serait impossible de le battre. C'était un trois mars et la date demeura marquée dans notre mémoire collective. Le recordman s'appelait Joseph Robaut. Il était l'un de mes amis. Après cette performance, son esprit s'enfla, il devint insupportable, et je renonçais à le fréquenter. A l'entendre, l'histoire de notre classe, du lycée tout entier et pourquoi pas de l'Education nationale s'arrêtait à cette date. Il prononçait de tels propos sans rire à une époque où des batailles comme celle de Stalingrad se déroulaient.

Pendant l'occupation, même l'encre rouge était rare. Notre professeur de latin en usait avec tant de générosité pour barbouiller nos thèmes que nous guettions le moment où il en manquerait. Il devait en avoir fait provision abondamment avant la déclaration de guerre, alors que par ailleurs sa soutane, sa petite cape de laine, ses souliers usés sentaient la misère. L'un d'entre nous découvrit par hasard un corrigé de thème latin et il s'avéra que notre maître, l'abbé Forestier, recopiait sur ce livre ses propres corrigés. D'un commun accord, nous nous inspirâmes à notre tour du manuel. Notre professeur choisit une riposte qui n'est pas la meilleure. Il aurait pu faire mine de ne rien voir, il aurait pu prétexter qu'il avait perdu le paquet de copies ou bien nous raconter qu'un enseignant pouvait s'aider légitimement de corrigés. Il s'obstina au contraire à déceler tout ce qui ne relevait pas, selon lui, de la plus stricte orthodoxie, et nous eûmes, malgré l'appui du manuel, des notes médiocres. Nous protestâmes. Une longue bataille, semblable à celles que le Sénat engage parfois, commença avec des distingos, des contre-propositions, des amendements. Cette expression d'Augustin était-elle recevable dans cette phrase ? Et pouvait-on employer ici un infinitif à la place du subjonctif ? L'existence du corrigé ne fut jamais évoquée. Pour nous défendre, nous mîmes notre nez dans des textes peu fréquentés, nous portâmes l'objet du débat devant notre professeur d'histoire qui était le plus ouvert de tous nos enseignants. A notre grand étonnement, nous nous aperçûmes que notre langue française était née, que chose étrange, elle avait évolué, qu'elle comportait avant le dix-septième siècle bien des licences et que des auteurs modernes en prenaient à leur aise, l'instituant à nouveau en vertu de leur talent. Tout cela nous passionnait. Nous nous demandions jusqu'où l'on peut aller trop loin, parsemant nos dissertations d'archaïsmes et de néologismes. Par bonheur, notre professeur de français comprit que la langue française redevenait pour nous une matière vivante, ductile, qui ne permet pas toutes les licences mais qui aime se laisser dévoyer quand on le fait avec tact ou avec une ombre de perversion. Dans notre ardeur, nous avions dédaigné les mathématiques et la physique, ce qui n'empêcha pas plus tard Nacib et Zayat d'intégrer à Polytechnique.

Et le latin qui avait été à la source de tout ce tumulte, que devenait-il ? Notre maître nous donnait maintenant des thèmes qui ne relevaient pas du corrigé : ou bien il avait trouvé un autre manuel ou il était bien capable tout seul de passer du français au latin. Nos relations n'étaient pas fameuses. Nous étions durs. Nous n'évaluions pas à quel point il était malaisé de se désavouer, de confesser sa faiblesse devant ses propres élèves et c'est pourtant lui qui devait avoir le dernier mot ou du moins forcer notre admiration. Lors d'une sortie du jeudi après-midi, notre autocar dut s'arrêter aux alentours de Saint-Laurent-du-Var dont les avions américains bombardaient le pont. Les Yankees n'étaient pas regardants et ils jetaient les bombes à profusion sans craindre de les gaspiller. Nous regrettions cette abondance qui, lors de la libération, se traduisit par une débauche de chewing-gum, de pantalons en gabardine, de disques, de bas en nylon. Surpris, nous cédions à la panique au milieu des bombes et des maisons en ruines. L'abbé Forestier demeurait calme, il nous incitait à garder notre sang-froid, il se dirigea calmement vers une villa qui prenait feu. Il en ressortit avec un bébé tandis qu'il frayait un chemin à la mère. Quand les avions eurent cessé leur œuvre de destruction, le car nous ramena à la pension. Nous étions silencieux, nous ne parlâmes jamais de cet incident, alors que nous avions la manie de disserter à l'infini sur les actes des uns et des autres. Nous avions coutume d'offrir un cadeau à nos professeurs à la fin de l'année. Nous trouvâmes le moyen de lui donner une petite veste de laine noire. Or, en ces temps-là, ce n'était pas chose facile. Les points textiles étaient rares, mais le père d'un de mes camarades travaillait chez Thierry et Sigrand, et il avait pu distraire la centaine de points nécessaires à un tel achat.

Pour être équitable à l'égard du carnet de notes, il faudrait affirmer à la fois qu'il n'avait de sens que par rapport à la vie mouvementée d'un collège et qu'il possédait assez d'autorité pour l'ordonner à son tour. Nous ne devions pas nous séparer de lui. C'était en quelque sorte notre passeport, notre carte d'identité. En cas d'incartade, un surveillant avait le droit d'ajouter une annotation. Si la faute était plus grave, on nous le retirait et nous étions tout à coup comme des travailleurs étrangers auxquels on a soustrait le permis de travail. Donc un petit objet de rien du tout. Mais ne tirait-il pas sa valeur de sa taille bien modeste ? Nos livres, nos fanfaronnades, nos vêtements, nos escapades pesaient d'un poids bien léger au regard de ce carnet qui consignait notre parcours de l'année, nos chutes et nos rechutes. Comme je l'ai dit, nous avions la tentation de le cacher, de nous en débarrasser, de le brûler, de l'enfouir au milieu de nos affaires, ce minuscule élément d'un cartable bourré de livres et de cahiers.

Mais ce ne serait pas lui rendre justice que de le considérer ainsi abstraitement en lui-même, en dehors du milieu où il prenait place. Autant apercevoir un chapelet en dehors de l'église, des neuvaines et des mois de Marie, de la confession des péchés et du murmure adorant et messes solennelles, en dehors de toute la catholicité, missionnaires et inquisiteurs compris. Si j'avais reçu mes notes par la poste sans en avoir été averti en classe, c'eût été un message bien fade. J'aurais décacheté le pli comme l'on fait de toutes les feuilles publicitaires qui nous invitent à acheter des tricots thermoélectriques ou le *Quid de l'année 84*. Tel n'était pas le cas. Ces notes avaient été proclamées avec solennité et, à chaque coup de gong, un élève s'était levé, un visage s'était offert à tous les autres présents et nous avions été consacrés élèves de la même classe. Les hommes qui firent le serment d'être semblables lors d'une fête révolutionnaire ou auxquels un rite inaugural accorda l'accession au règne humain, durent ressentir la même ivresse que nous autres enfants d'une certaine école. J'ai rappelé que l'on consignait sur nos carnets de note notre « place ». Nous devons entendre ce mot dans son ambiguïté : comme le classement que nous avions obtenu, mais aussi et surtout comme notre lieu propre, notre domicile, notre point d'élection dans les terres lycéennes. Sans lui, nous n'aurions pas su où nous étions et qui nous étions, nous aurions rôdé comme des apatrides.

Chaque professeur écrivait, de sa propre main, ses annotations. Je trouvais émouvant de parcourir sur une même feuille six à sept écritures qui renvoyaient à des tempéraments, à des disciplines différentes. Tiens, le professeur de gymnastique savait, lui aussi, écrire ; il avait quitté un instant les barres parallèles pour le stylo. Tel professeur dévoilait sa préciosité (peut-être des mœurs bizarres) dans une écriture nerveuse, féminine, aguichante. Un autre, de l'ancienne génération, venait à peine à bout des quelques lignes qu'il avait à formuler ; il s'exprimait dans une langue sévère, ampoulée que mes parents avaient de la peine à déchiffrer et je leur traduisais cette rhétorique obscure selon la version qui m'était la plus favorable. Un professeur d'anglais donnait son appréciation dans la langue de Shakespeare. Il devait penser que cela faisait chic, version Oxford ou Cambridge. Il irritait les gens modestes qui, en fait de langue étrangère, parlaient nissarte ou italien. Quand on saura qu'il possédait un accent déplorable, on conviendra que ce maniérisme ne s'imposait pas. Certains enseignants, parce qu'ils dispensaient leur cours dans deux matières, disposaient d'une rubrique deux fois plus large, tout comme dans certains immeubles, certains propriétaires qui ont acquis deux appartements, bénéficient d'une boîte aux lettres beaucoup plus grande. Lorsque l'élève était moyen, le bulletin de notes prenait l'allure d'un mélange contradictoire. Le même élève était supposé faire preuve de bonne volonté et avoir mauvais esprit, donner satisfaction et s'avérer indocile. Le proviseur (ou l'un de ses secrétaires) tentait de faire une synthèse aussi difficile que celle d'un congrès radical-socialiste de la Troisième République. Seuls les excellents élèves et les forts mauvais échappaient à ces fluctuations caractérielles, intellectuelles. Ils se retrouvaient assez fidèles à leur identité et à leur réputation.

Le bulletin trimestriel

Je grandis encore c'est-à-dire que j'entrai en troisième, puis en seconde. Le bulletin trimestriel avait remplacé le cahier, le carnet de notes. Bulletin, le mot avait plus de panache et il disait bien que l'on nous prenait au sérieux, que bientôt nous serions des adultes, pour le moins des bacheliers. Bulletin, comme bulletin de victoire : je ne sais pas si Napoléon était un grand général sur le terrain (malgré les manœuvres que le professeur d'histoire redéployait pour nous, craie en main, feu à la bouche, sur le tableau noir) mais je pensais qu'il avait l'art et la manière de trousser un bulletin. Bulletin, comme bulletin de santé et là encore nous échappions à la prose du monde. Car on n'en publiait qu'à propos d'une personnalité exceptionnelle. Il fallait être au moins roi, président de la République, pape. Un ministre de la marine, un prince consort, un cardinal n'y avaient pas droit. Bulletin paroissial, cela était moins noble et laissait entendre que le curé n'avait pas l'argent nécessaire pour faire paraître un véritable journal.

Le bulletin trimestriel me coûta plus cher que ce carnet de notes que j'avais falsifié sans que mon père le sût. J'eus, en effet, au premier trimestre un bulletin déplorable. Mon père me priva pour six mois de l'usage de ma bicyclette. On aura peine aujourd'hui à concevoir la gravité de la sanction et l'importance de la peine. La bicyclette devait compter beaucoup pour moi puisque je l'entretenais avec soin alors que par nature, j'étais insouciant et peu porté à m'occuper des objets domestiques. C'était bien le signe d'un amour authentique même s'il se mêlait à ces soins le plaisir de me salir, de mettre un peu partout du cambouis. Je me souvenais avec éblouissement du jour où j'avais su « monter à bicyclette ». Ainsi, je tenais en équilibre, sans mettre pied-à-terre ! Ainsi je roulais : nager, marcher, plonger, ramper, monter aux arbres, toutes ces capacités, mon corps les portait en lui mais rouler, non ! Le moment où j'avais su marcher, où j'avais acquis tout seul la maîtrise de l'espace et de ses trois dimensions avait dû être aussi émouvant, mais je n'en avais plus le souvenir tandis que je me revoyais encore ne touchant plus pied-à-terre et roulant sur une route de Saint-Pierre-de-Caubel.

La sanction de mon père avait été prononcée en 1943, à une époque où les adolescents ne quittaient pas leur bicyclette, quitte à la tenir à la main, ce qui prouve qu'elle était pour nous une compagne et non une utilité ou un jouet. Elle nous constituait comme une immense armée de l'ombre. Que l'on ne croie pas à une imitation des hommes de la résistance dont nous ignorions souvent l'existence et qui, selon nous, combattaient fort loin dans les maquis. Notre clandestinité était faite d'autre chose, de ces villes plongées dans l'obscurité, de ces journées sombres. Enroulés dans une cape qui nous protégeait du froid mais qui aussi estompait nos formes, qui nous enveloppait dans du noir, parfois un béret sur la tête et en culottes courtes, nous traversions l'hiver de l'occupation et de nos villes. Les vélos bucoliques, titubant dans l'ébriété des congés payés et du front populaire étaient oubliés. Nous nous sentions seuls, nous avions faim ; il nous restait pour fidèle compagnon, le vélo. Nous nous parlions au coin d'une rue, le vélo à la main ; nous le montions jusqu'au troisième étage de la rue Tonduti de l'Escarène à travers une cage d'escalier mal éclairée. Mon meilleur ami, Pierre Garçin, revenait de Monte-Carlo pour me retrouver à Nice. Il empruntait évidemment la bicyclette. Je connaissais le temps du parcours et s'il était en retard de quelques minutes, j'étais inquiet. Nous allions poser son vélo chez nous. Nous nous enveloppions dans nos pèlerines, nous faisions retentir le trottoir de nos galoches, nous allions au cinéma, non point pour oublier des années difficiles, comme il a été dit sottement, mais pour nous plonger encore davantage dans la noirceur de cette époque. Quand le pays fut libéré, quand il fut possible de vivre, de parler, de penser en plein jour, le cinéma perdit beaucoup de sa magie ténébreuse.

Dans une ville (Nice) quasi déserte, les avenues, les rues appartenaient aux cyclistes. Nous allions vite sur des chemins dépourvus d'obstacles et nous pouvions comparer la vitesse de nos vélos à celle des véhicules à gazogène. Nous nous dirigions vers les environs, du côté de Bellet, de Saint-Pierre-de-Féric encore campagnards. Nous croisions des adultes dont les sacoches étaient pleines de ravitaillement. Nous n'esquissions pas de gestes agressifs et pourtant nous leur faisions peur. Nous nous amusions à pédaler côte à côte. Nous entamions la conversation. Ils répondaient de peur de nous offenser, mais le cœur n'y était pas. Quelques poireaux tombaient de leurs sacoches. Ils ne rebroussaient pas chemin pour les récupérer car il leur fallait faire vite, éviter les contrôles économiques. Nous les ramassions, nous nous les partagions, nous les portions à nos parents ravis. Certains de ces adultes en avaient fait leur métier. Ils avaient accroché à leur vélo des sacoches extravagantes où ils mettaient des kilos d'haricots secs, un bidon de lait, un jambon. Ils poussaient ferme sur leurs jarrets, sans un regard pour nous et sans doute en nous reprochant de courir pour le plaisir, la pédale légère. Quand l'un d'eux crevait, nous l'abandonnions à son triste sort. Avant d'entreprendre la réparation, il lui fallait vider jambon, haricots en grains et continuer à les surveiller. N'avait été la vue de ces sinistres individus, nous aurions goûté pleinement le plaisir d'une paix retrouvée. car les vallons étaient encore odorants, ils sentaient l'œillet et la Provence.

Je développais à mon père tout ce que le vélo représentait pour moi. Je le fis, sans doute, avec moins de poésie et d'éloquence qu'aujourd'hui car je le redoutais. Il demeura inflexible. Comme mon frère aîné disait : « Il avait trop lu Plutarque ». Ce n'était qu'une métaphore puisqu'il n'avait pas poursuivi ses études au-delà du « certificat ». J'étais effondré car je me sentais incapable de dérober une bicyclette et puis où l'aurais-je entreposée ! Ainsi on me volait mon occupation. Ou plutôt je connaîtrais la faim, le pain noir et grisâtre, les bombardements, les nuits où il faisait trop froid pour dormir et l'on me privait de l'autre face de la médaille : des ballades folles, libres, inspirées dans les années noires de l'occupation. Le pire n'est jamais sûr. L'un de mes camarades me prêta le vélo de son frère pour me permettre de participer à nos expéditions. Seulement, ce n'était pas la même chose. Je n'étais plus l'un de ces adolescents d'une guerre qui ne durerait pas éternellement et qui s'achèverait avec notre jeunesse. Malgré ma pèlerine, mes culottes courtes mais sans mon vélo, j'étais exclu de mon époque.

Je me suis rattrapé sur le plan scolaire. J'ai été reçu « brillamment » à de difficiles concours. Je mesurais la relativité d'une réussite qui arrivait trop tard, qui n'annulait pas les funestes conséquences de ce maudit bulletin. Des parents continuaient d'offrir des bicyclettes à leurs enfants ou même parfois des motos ou des autos quand ils réussissaient au bac. Qu'était-ce sinon une manière de rythmer le parcours d'une existence et de socialiser un être humain ? Ce ne pouvait pas être autre chose maintenant que le couvre-feu, que le froid, que les pans d'ombre, que les boulevards vides de l'occupation avaient disparu.

Les cahiers dispersés

Je crois avoir dit ce qui faisait la valeur de ce cahier de classe unique. Quand je fus admis au lycée, il vola en éclats, il fut remplacé par sept, huit cahiers et, dans certaines classes, les élèves en avaient davantage car un professeur d'une matière minuscule, intermittente, en exigeait un qui lui était tout entier dévolu et qui asseyait son autorité intellectuelle, « pédagogique ». Je crois que je suis entré dans l'incertitude et dans le marasme à partir de cette maudite sixième, donc à l'âge de dix ans, bien avant la crise de puberté, de la chair, de la foi, que l'on situait aux environs de quatorze ans et à laquelle mes camarades, moins précoces que moi, se soumirent tous, à quelques mois près. Cette prolifération de cahiers égayait, d'ailleurs, bon nombre de mes camarades. Ils y voyaient un signe d'abondance après la période des vaches maigres et des cahiers de brouillon, ils croyaient ainsi accroître leur savoir : espèces de touche-à-tout, ils commençaient dans l'esbrouffe un cahier puis ils passaient à un autre. Ils se donnaient l'importance des grands de ce monde que l'on sollicite de toutes parts.

J'aimais, au contraire, que l'on termine un cahier. Je rêvais d'une année scolaire où la dernière leçon coïnciderait avec l'ultime feuille. Le rêve éternel de l'harmonie non point entre les plantes, les étoiles, les cours d'eau, les passions, les naissances mais entre la parole vivante de notre maître de Saint-Pierre-de-Caubel et le cahier sur lequel une belle somme de travail était inscrite. Ou plutôt, si cette conjonction s'était réalisée, elle aurait été un heureux auspice, elle m'aurait prouvé, en dehors de tout autre signe lointain, ambigü, que les choses étaient en consonance les unes avec les autres, que le chat noir de notre ferme se postait là où il fallait en décembre pour jouer de sa parure avec la blancheur de la neige, que ma tante disparue prématurément nous avait quittés pour nous faire une place au ciel, que ce dément qui s'appelait Hitler succomberait sous sa folie et qu'il ne répandrait pas sur l'Europe et sur la France ses funestes effets. La merveille des merveilles s'est produite une fois, je crois dans le cours moyen de première année. Le maître avait dû donner un léger coup de pouce au hasard, à la providence. Il écourta notre leçon d'histoire pour ne pas entamer un nouveau cahier. Il devait nous parler de la guerre de 14-18. Il évoqua rapidement les tranchées, la Marne et les taxis pour nous signaler que l'Allemagne avait été contrainte de signer un armistice à Rotondes. Nous n'étions pas dupes. Une guerre qui avait provoqué tant de morts comme nos monuments de Montclar et de Saint-Pierre-de-Caubel en témoignaient, ne pouvait pas avoir été aussi rapide et elle méritait un peu plus que l'évocation d'une heure de classe. Peu importaient ces batailles et ces carnages passés sous silence. Le dire et l'écrire, l'histoire racontée et notre propre durée d'écolier s'accordaient merveilleusement.

Ce fut mon plus beau cahier parce qu'il avait commencé à la date du premier octobre et qu'il s'achevait à celle du 13 juillet. Le lendemain, il y aurait des discours, le défilé de la fanfare, les pêches miraculeuses, les grimpettes le long d'un mât savonneux et un bal pour nos sœurs et nos frères aînés.

Un cahier inachevé, c'était, pour nous, une action que l'on n'a pas menée à son terme, une existence arrêtée dans son cours, et sans raison valable. Dans le secondaire, j'ai dû composer avec l'incomplétude de mes trop nombreux cahiers. C'étaient des avortons de cahiers, des nabots de cahiers qui comptaient parfois sept ou huit pages écrites. Le professeur avait été absent, le chahut était tel qu'il lui fallait surtout songer à protéger ses vêtements. J'ai retrouvé un cahier d'espagnol interrompu au bout d'une semaine parce que mes parents m'avaient orienté vers l'allemand, une langue jugée plus noble, un cahier d'histoire à peine griffonné parce que notre professeur s'était avisé que le manuel constituait le meilleur des cours ou des résumés. Ma mère qui avait le sens de l'économie puisqu'elle me donnait à gommer mes propres brouillons, était scandalisée. Elle opposait, elle l'institutrice, les vertus, le sérieux (la parcimonie) du primaire aux fantaisies et à la débauche du secondaire. Elle regrettait l'époque où le primaire supérieur parachevait le primaire. Elle me parlait encore de ce brevet supérieur que je n'aurais jamais alors que j'avais déjà été reçu à l'agrégation de philosophie. Sur les conseils de mon père, je me servis de ces cahiers désaffectés comme de brouillons. Seulement, ce n'était pas chose facile. Leur qualité m'en imposait ; j'étais comme un pequenaud qui s'introduit dans une maison de maître mais en même temps, cette belle demeure avait un air sinistre et ne m'incitait pas à l'excitation intellectuelle, ne me mettait pas en verve de travailler, de chercher, de trouver. La disparité des écritures constituait une gêne. J'avais honte de mêler, à des lignes tracées soigneusement, des phrases, des lettres informes comme celles que l'on écrit sur un brouillon. J'étais choqué par des dissonances bizarres. Je commençais un thème latin sur un ancien cahier de chimie. Je n'ai jamais été un homme d'ordre respectueux des conventions, mais ces mélanges m'apparaissaient comme des fautes de goût, des monstruosités. Je ne pouvais pas — c'était une répulsion quasi physique — coucher sur le même papier les cadences du latin le plus classique (en effet, dans nos thèmes, on nous interdisait la langue de Juvénal qui nous régalait pourtant davantage que celle de l'hypocrite défenseur de la République, je veux dire Cicéron) et la table de Mendéleieff. Je sentais d'instinct qu'il ne s'agissait pas de la même arithmologie.

J'ai dit que mes camarades étaient fiers de leurs cartables bourrés de cahiers et de livres, aussi glorieux qu'un âne portant le saint sacrement (il est vrai que les plus espiègles usaient de leur cartable pour les projeter sur les ennemis et ils trouvaient en lui une arme lourde inespérée). J'en conclus pour toute ma vie une sorte de sagesse. J'estimais qu'il nous faut savoir peu de choses pour nous conduire dans notre existence. A la rigueur, je me serais contenté, n'étaient les incitations de mes parents, d'une solide orthographe, des quatre opérations, me réservant de lire plus tard ce qui me plairait, romans, livres d'astronomie, poèmes, histoire locale. Dans mes moments de joie ou de douleur, à l'instant d'être courageux et d'assumer les conséquences de mon courage, à quoi me servirait d'avoir fait le tour, le quart ou la moitié du tour de la culture occidentale ou le vingtième de tour de la culture mondiale ! Je me retrouverais seul quoi que j'aie appris. Je ne pressentais pas ce nouveau monde où il faudrait sans cesse apprendre, se recycler comme les papiers usés, les verres brisés, les industries démantelées, attendre d'écrire parce que l'on n'avait pas encore lu une revue des U.S.A. qui n'était pas parvenue jusqu'à nous, et qui n'arriverait pas de sitôt. Je ne soupçonnais pas que j'entendrai, un jour, l'éloge de la culture forcée à perpétuité, de la formation permanente des vieillards, y compris dans leur ultime coma.

Un cahier me suffisait et quelques livres que le hasard me ferait rencontrer : un mauvais roman édifiant du début du siècle (les seuls que je trouvais dans la bibliothèque de mes parents), un journal qui datait de l'été dernier et qui avait servi à emballer des œufs et c'est bien ainsi que je fus reçu à mon bac de sciences expérimentales : ma note en sciences naturelles avait racheté les autres notes fort médiocres ; nous avions eu à traiter « les glandes endocrines » sur lesquelles je m'étais instruit, de la manière la plus désintéressée qui soit, en lisant une revue médicale expédiée par mon frère le docteur pour emballer des œufs que nous lui destinions. Plus tard, je préparerai, de la même façon, l'agrégation de philosophie, allant dans tel amphithéâtre qui me plaisait par son décor, par ses tableaux d'une autre époque et dans tel autre où enseignait un professeur de droit qui n'était pas philosophe mais dont l'éloquence me ravissait. La guerre avait conforté cette sagesse méditerranéenne. Nous vivions au jour le jour : trouver un peu de pain pour calmer notre faim, sortir des abris et contempler les environs pour voir si les bombes n'avaient pas fait trop de dégâts. L'époque était triste et, pourtant, elle scellait une alliance assez extraordinaire de l'instant et de l'éternité. Il n'y avait pas lieu de regarder au-delà des deux œufs qui représentaient notre ration mensuelle et il aurait été absurde de nous demander si nous pourrions encore « les toucher » le mois suivant. Cela, c'était le présent ; quant à l'éternité, c'était la lumière, les falaises de la vieille ville, la grâce des jeunes filles de Nice dont je me laissais pénétrer pour des siècles, me disant que j'avais de la chance d'en être le voyant et de ne pas avoir été aveuglé par des tonnes de gravats.

Curieusement cette résignation souriante ne me rendait pas plus philosophe en ce qui concerne la perte de mon cahier du primaire. J'en venais à haïr jusqu'à l'obsession cette multiplicité de maîtres et de matières qui m'avait privé de lui. Comme les uns et les autres me paraissaient inutiles ! De rage, je me réfugiais dans le sarcasme et la parodie. Ils avaient voulu faire éclater une existence unie, polie, heureuse ; ils m'avaient contraint à être mathématicien et germaniste le matin, botaniste et grammairien l'après-midi, et, de surcroît, ils entendaient que je sois, de temps à autre, gymnaste. Ils me sommaient, à heures fixes, d'avoir un corps et de l'infléchir en mille mouvements qui n'étaient pas à moi car, alors, je n'aurais pas eu à les apprendre. J'irai plus loin qu'eux dans le système dément dont ils n'apercevaient pas la folie. Je bouffonnerai plus qu'eux dans l'exercice parodique d'un corps à qui ils demandaient de lever alternativement le bras droit et la jambe gauche, puis le bras gauche et la jambe droite, et ensuite il fallait travailler « les abdominaux » (quels abdominaux ? Je ne me doutais pas que, vingt ans plus tard, dans l'ennui dérisoire d'une paix non moins dérisoire, des adultes se soumettaient d'eux-mêmes à ces singeries et ceci sans pouffer de rire). Je prenais donc le départ à contretemps, je jetais le poids en direction du professeur de gymnastique. Je voulais bien jouer au ballon mais à condition de ne pas user des pieds et des mains et de n'avoir droit qu'aux fesses et au tronc. Evidemment, je faisais éclater de rire mes camarades et mon professeur car ils ignoraient qu'il s'agissait là du jeu sacré d'une société traditionnelle. Pour ma part, je n'avais pas véritablement envie d'éduquer mes fesses. Je demandais plutôt un peu de bon sens et de respect à l'égard de l'ordre des choses. Je n'avais jamais porté ou lancé un poids pour le seul plaisir. Un cageot de tomates, un sac de haricots, oui mais non point une boule de fonte fabriquée je ne sais où. Mon corps, source de mes vagabondages et de mes plaisirs, était, en même temps, le grand oublié. Quand je cherchais à dénicher un œuf ou à ramper dans l'herbe haute, j'oubliais son existence. Je regardais du côté des branches, des nœuds de l'arbre ou de l'herbe démesurée.

En ce qui concerne les cahiers, je me rangerai à leur logique, je l'appliquerai jusqu'à la rendre absurde. Je me dissoudrai et je me pluraliserai selon chacun d'eux. Je cherchais à modifier mon écriture en fonction de la matière. Il fallait qu'elle n'ait plus la même taille, les mêmes caractères d'un cahier à un autre. Je fermais plus ou moins les « a », j'allongeais différemment la barre des « t »... tout en demeurant lisible pour ne pas subir de sanction. (J'avais peur également de devenir illisible pour le reste de ma vie. Mes parents m'avaient parlé d'un enfant qui avait contrefait le bégaiement et qui n'avait plus retrouvé une articulatin « normale ».) Hélas, malgré mes efforts, je n'avais pas de peine à reconnaître mon pâle, mon triste visage, l'inflexion de cette écriture qui me dénonçait comme étant Pierre Sansot, élève de quatrième A. Chacun restait donc le même, il était destiné à demeurer enfermé en lui-même, au moment où la société nous morcelait et brisait l'existence fluide, calme et tranquille de mes années primaires.

Mon professeur principal de troisième eut la curiosité de jeter un coup d'œil sur les cahiers des différentes matières. Il aperçut les caprices de mon écriture et il flaira la supercherie. Il en parla à ses collègues qui partagèrent son inquiétude. L'injustice touchait alors à son comble. On me rendait multiple et, lorsque je me coulais dans cette multiplicité, on me sommait de revenir à la belle unité perdue. Selon mes maîtres ou bien ma personnalité était sur la voie de la dissolution ou bien j'empruntais des personnages qui ne m'avaient pas été attribués dans la mise en scène scolaire. Fou ou imposteur. Je reconnais que ce professeur principal ne manquait pas de finesse. Il ne voulut rien brusquer, il ne demanda pas à l'administration de sanction. Il me fit venir auprès de lui. Il me posait des questions en apparence innocentes. Il cherchait à me mettre en confiance. Tant de familiarité m'inquiétait. Où voulait-il bien en venir ? Ne cherchait-il pas à assouvir sur ma personne « des penchants contre nature » ? Je devinais peu à peu qu'il se conduisait à mon égard comme un petit juge permissif, scrupuleux, qu'il était donc de la race la plus dangereuse qui puisse exister. Si j'avais crié ce que j'avais sur le cœur, il n'aurait pas compris que j'aie pris ainsi le deuil, puis la rage pour le cahier défunt. Je l'égarais, il croyait me traquer et c'est lui que je baladais au bout de ma canne. Mon « cas » l'obsédait. Il devait y songer sans cesse, en se promenant, en faisant ses besoins, pendant ses cours où il lui arrivait de balbutier. J'aurais pu, avec de la patience, organiser une mise à mort et ainsi il aurait payé pour tous les autres. C'eût été gaspiller mon temps le plus précieux, celui des songes, des rêveries. Je récupérais mon identité scripturale. Je croyais, par ma capitulation, avoir racheté ma paix. Ce retour à la normale continuait d'inquiéter. J'étais passé de l'un au multiple et maintenant je revenais du multiple à l'un. On eût continué à me tracasser, à examiner à la loupe la moindre de mes formulations écrites si la guerre n'avait pas exacerbé les passions et opposé à l'intérieur même du lycée les enseignants vichyssois et ceux favorables à la résistance.

Le cahier d'appel

Je ne saurais oublier le cahier d'appel. Dans notre collège, c'était tantôt le Professeur, tantôt le Surveillant général qui ouvrait le cahier contenant tous nos noms. L'usage était plutôt que le Surveillant général, aidé comme à la messe par un adjoint d'enseignement qui tournait les pages, aille de classe en classe. Craignait-on que le Professeur ne fût distrait ou complaisant à l'égard de ceux qui « séchaient » ses cours ? Voulait-on donner à la cérémonie plus de solennité, encore que le Surveillant général sentît la lustrine, portât des binocles usés à force de surveiller tout son monde — et que l'existence du censeur, dont il était un peu la doublure, nuise à son prestige ? Ce livre contenait les noms de tous les élèves de sixième et de cinquième. J'admirais que l'on fît ainsi l'appel tous les matins, comme si les élèves attendaient pour se mettre au travail, pour devenir vigilants qu'on les tirât des limbes du sommeil, de leur engourdissement. Plus tard, quand un adjudant s'acquitterait de cette mission, j'oublierai l'armée et je reviendrai en arrière de mon existence. Je mêlerai les cieux de Nice ou de Villeneuve-sur-Lot à celui de Barcelonette : non plus les murs de la caserne, mais ceux de mon collège, non plus des bidasses pour voisins mais des condisciples. Je n'étais plus trop dépaysé. Car, dans les collèges, à l'époque de Vichy, il y avait chaque matin le lever du drapeau et un chant en l'honneur du Maréchal. Ce cahier d'appel (celui de nos lycées) était redoutable. Celui qui avait été marqué absent ne pouvait se rendre en classe qu'avec un billet de rentrée : en son absence, il était exclu de la vie du collège. Il n'existait plus. Cette mort symbolique, cette perte de nos droits scolaires nous effrayait et, en même temps, nous savions en jouer : feindre de mourir, cesser d'exister, être tenu pour disparu et cependant continuer à respirer, à manger, quels délices ! Un camarade se risquait parfois à répondre à notre place : il contrefaisait notre voix. Comme il s'agissait de mauvais élèves installés au fond de la classe, il bénéficiait de la confusion des lointains. Mais quelle catastrophe quand le professeur interrogeait l'absent ! — à moins que, ce qui arrivait parfois, l'enseignant ne fût affecté d'une mauvaise vue : en pareil cas, la plaisanterie avait un sel particulier ; il fallait les rires grandissants de toute la salle pour que le maître s'aperçût de la supercherie.

Il existait aussi un billet de retard dont l'élève ne se démettait pas. Car il aurait à le faire signer par ses parents. Ainsi, pendant toute la journée, l'un d'entre nous aurait sur ses camarades un retard de quelques minutes. Il ne nous rattraperait plus quoi qu'il fît. Bizarrement, il cessait d'être notre contemporain.

Quand nous étions, pour de bon, malades, tandis que notre mère nous préparait un déjeuner léger qu'elle nous servait au lit, nous pensions à l'instant où l'on nous appellerait, en vain, en classe. Une part de nous-même continuait à exister collectivement. Nos camarades devaient se pousser du coude en entendant appeler notre nom et ils remarqueraient mieux cet espace vide, cette béance que notre désertion avait suscitée. Ils rêvaient d'être à leur tour malades, ils songeaient à une classe dépeuplée où il ne viendrait plus que quelques « fayot », quelques faux-culs.

Sur notre lit, nous réalisions un vieux rêve qui aurait été d'assister à notre propre enterrement, à l'ouverture de notre testament devant nos héritiers, si nous étions devenus riches. Puis, après ce moment d'exaltation, nous retombions, sur notre lit, dans notre fièvre, abandonnés à notre lassitude de malade. Nous nous inquiétions : le Surveillant général prononcerait-il encore demain notre nom ? Ne viendrait-il pas un temps où personne ne nous appellerait, où nous ne serions attendus de personne ? Au bout de quelques jours, notre absence devait être devenue suspecte ; mes camarades devaient en conclure que j'étais sérieusement malade, peut-être moribond. J'additionnais les jours comme s'il se fût agi d'un record, d'une performance. Deux camarades (deux, pour se soutenir l'un l'autre, en cas de funeste nouvelle) se rendaient à mon domicile, puis à mon chevet. Un peu déçus, on leur apprenait que ce n'était pas grave et, pour mon malheur, ma mère leur demandait de revenir pour me porter leçons à apprendre et devoirs à rédiger.

L'un de mes camarades fut appelé en vain jusqu'à la fin janvier. On ne l'avait jamais vu, mais il figurait sur la liste de la classe. En fait, ses parents l'avaient inscrit dans une autre école qu'ils considéraient comme plus efficace. C'était devenu une blague. Nous mettions son nom à toutes les sauces, dans les jurons où il remplaçait le nom de Dieu, ou encore dans un calcul, il se substituait au chiffre zéro. On inventait des frasques qu'il avait commises, on disait qu'il avait beaucoup de poules (nous avions dans les douze ans, et cette génération était moins précoce que celle des années quatre-vingt). C'était lui qui avait omis d'avertir Napoléon de l'arrivée des armées ennemies à Waterloo, il avait échappé de justesse à la Saint-Barthélémy, il était le fils naturel et caché du censeur. Quand il arriverait, il renforcerait sérieusement notre équipe de football qui accumulait des défaites. Il vint, enfin, nous rendre visite, de la manière la plus naturelle, le jour même où il fut rayé de la liste d'appel. Il se présenta sans embarras, ses vêtements ne sortaient pas de l'ordinaire, et, pourtant, il donnait l'impression d'une suprême élégance. Surtout, il avait les manières, l'autorité, le regard d'un adulte, d'un véritable adulte et non d'un gamin qui singe les plus grands. Chose étonnante, il avait les livres voulus, ses cahiers comportaient tous les exercices que nous avions effectués depuis octobre (la seule différence avec nos cahiers, c'est que le sien ne comportait pas d'annotations des enseignants). Le fait était ahurissant. Il aurait fallu que l'un d'entre nous le ravitaille en exercices de mathématiques, de rédactions, de leçons de géographie. Y avait-il parmi nous un traître qui se taisait ? Et, là encore, il fallait supposer, contre toute vraisemblance, une obstination de cinq mois. Comme il n'avait pas entendu son nom, il eut le culot de protester : « que je sache — et déjà cette expression qui ne nous était pas familière nous surprenait —, j'ai bien été inscrit en temps voulu et mes parents ont versé les cotisations demandées. L'administration en prend bien à son aise avec ceux qu'elle a la mission d'enseigner, je dirai plus de former, de protéger ». Il continuait encore sa péroraison, et là nous étions franchement ébahis, nous qui avions de la peine à aligner quatre mots à la suite et qui n'usions pas d'un langage aussi noble. « Il ne se laisserait pas pousser ainsi, sans ménagement, dans le royaume des ombres ». « S'il avait réglé les assurances et les menus frais d'inscription, il n'avait pas versé d'obole au molosse fatal ». Il n'avait pas prononcé de la même manière « réglé » et « versé ». Il devait introduire entre ces deux verbes une nuance qui nous échappait et il semblait que de préférence l'on réglait les domestiques, les fournisseurs et les administrations. L'incident en resta là. Notre professeur fut décontenancé et il commit quelques impropriétés dans sa traduction d'un texte latin — que le nouveau nous fit remarquer à voix basse (assez distincte cependant pour que le maître les entende). Il émit des réponses habiles aux différents enseignants. Nous n'osions pas l'aborder pendant les récréations ; l'un de nous chercha à le suivre à seize heures, après un cours, il le sema sans donner l'impression de se dérober. L'école ne devait pas lui agréer, puisqu'il nous quitta pour toujours, au bout d'une semaine. Le Surveillant général continuait à prononcer son nom, mais nos réactions s'étaient modifiées. Plus de rire ; de la frayeur ou de la nostalgie. Oui, de la frayeur, en nous demandant si nous avions rêvé, quel était cet étrange-étranger, cet enfant-adulte qui avait mis en évidence le dérisoire de nos humbles tâches, de nos servitudes, de nos parties de billes et de rigolades. Qu'il ne revienne plus parmi nous ! Nous entendions son nom comme le jeune héros de *L'Ile au trésor* perçoit les grincements du corsaire à la jambe de bois et le bruit de ses béquilles. De la nostalgie, il s'était passé quelque chose. Nos professeurs avaient eu la frousse. Ses cahiers attestaient qu'il avait vécu, d'octobre à janvier, parmi nous et sans que nous ne le sachions. Voilà qui était digne d'un conte de Marcel Aymé et qui relayait dans le ridicule les romans de fictions dont nous avions été friands avant son passage parmi nous. Quoi qu'il en soit, et, malgré les menaces de nos maîtres, aucun d'entre nous ne voulut s'asseoir à la place qu'il avait occupée.

Je l'aperçus en ville deux mois après. Il pressa le pas énigmatiquement et je le perdis de vue. Je rencontrais encore, deux ans plus tard, Chamboredon (je lui accorde ce pseudonyme car je ne suis pas un délateur). Il portait l'uniforme des J.P.F., celui des jeunes de Doriot, du P.P.F. Cette fois, c'est moi qui pressais le pas. La guerre prit fin, les années passèrent et, à mon étonnement, je l'aperçus sur une photo de *Nice-Matin*, dix ans plus tard. Il réapparaissait dans un banquet qui rassemblait les anciens d'un collège qu'il avait fréquenté pendant une semaine. J'ai cru encore l'entrevoir dans un aéroport, dans l'entrebaillement de la rue d'un immeuble de la rue Saint-Denis (ce qui ne correspondait pas à l'idée de ce que je me faisais du personnage), sur le quai du métro Raspail. Il m'a semblé reconnaître sa voix sur un terrain de tennis d'une petite ville du Sud-Ouest. C'était une ancienne propriété privée défendue par de hauts murs mais, enfin, il ne m'était pas interdit d'y pénétrer. Je ne le fis point. J'avais peur qu'il ne me donne la leçon, qu'il ne joue incomparablement mieux que moi, j'avais surtout peur de réveiller une enfance que j'avais perdue, une fois pour toutes. Je demeurais dans cette rue du Sud-Ouest qui était chaude en ce début d'après-midi (je le croyais capable de se déplacer, sans transpirer, comme s'il était mû par un souffle printanier). J'écoutais surtout le bruit des balles, un bruit comme étouffé. Ce devait être une terre battue et les joueurs devaient lifter leurs balles. J'éprouvais un plaisir à la fois intense et délicat. La chaleur s'était métamorphosée en ce bruit-là qui ne pouvait se produire qu'en vertu d'un certain état du terrain et d'une tension des raquettes. Les feux du ciel, le Sud-Ouest, le Lot tout proche me laissaient entendre leur musique, me faisaient signe alors que j'étais encore désarmé quelques instants auparavant, par tant de beauté gratuite. Je m'éloignais du mur, je m'engageais dans la ville dont les façades réverbéraient tout autant la chaleur. J'étais ravi. Je fêterai le soir même, cette rencontre (fantomale), avec une cuisine riche sur fond de graisse, de canard, de foie et, pour accompagnement, un simple vin de Cahors. L'existence, décidément, était parfois drôle. Je goûterai, avec plus d'attention, la mise de table, la fraîcheur naissante du soir, le ballet des garçons et un confit aux cèpes — à cause d'un adolescent qui était, pour moi, un inconnu et dont j'avais aperçu la silhouette à l'âge de douze ans. Si j'avais été en compagnie d'un condisciple, l'affaire serait devenue triviale, nous aurions égrené des souvenirs communs de collège, rappelé l'audace sagace de Chamboredon. Seul, j'entendais seulement les quelques notes cocasses d'une immense partition plutôt monotone. Je les savourais, je ne les affadissais pas par des mots.

Je cessais de poursuivre mon étrange personnage. J'avais transformé Chamboredon en une belle après-midi du Sud-Ouest : telle était l'ultime étape de sa métamorphose et on ne pouvait pas rêver plus belle assomption. Je tombais, d'autre part, sur un roman de Patrick Modiano, alors peu connu. J'eus l'impression que je croquais la vie d'un de ses personnages. C'est bien cela la littérature. Parfois, elle vous incite à éprouver des sentiments nobles, délicats, horribles dont vous n'avez même pas idée. En d'autres circonstances, elle vous détourne de votre propre recherche instinctive, parce qu'elle est déjà inscrite dans un ouvrage.

Le buvard

J'ai découvert l'attachement que je portais à mon buvard en le perdant. Je voudrais que le lecteur mesure l'ampleur du désastre, même si, dans sa désinvolture à l'égard de tous les objets qu'il jette quotidiennement, il a de la peine à en percevoir l'importance. Le buvard auquel je fais allusion m'avait servi en septième et je l'avais conservé en sixième. C'est dire qu'il m'avait accompagné dans ce passage difficile au cours duquel j'avais perdu mon maître, mon école, mon préau et la plupart de mes amis. J'ai déjà dit que mon cahier avait été démultiplié. Le buvard avait quelque peu amorti le choc. Le seul garant de mon identité (comme l'on dirait dans le jargon moderne) était ce buvard qui passait d'un cahier à un autre et donnait ainsi un semblant de continuité à une vie scolaire éclatée. Je le glissais chaque matin et chaque midi dans le cahier de la matière qui allait être enseignée. Il avait tout juste la forme de mes cahiers, sauf celle du cahier de dessin qui était plus large. Comme il ne les « dépassait » pas, à la manière des buvards gigantesques, prétentieux de certains de mes camarades, il n'avait jamais été écorné. Il ne portait pas la marque de réclames prestigieuses, mais cette modestie me convenait et, au surplus, je le trouvais épais, cossu à plaisir, doux au toucher et même odorant.

Il maintenait donc en moi quelque cohérence. Il portait les marques d'une rédaction d'un cours supérieur de l'école primaire ou d'une de mes premières leçons de géométrie de sixième, cette géométrie qui pour moi était nouvelle et dont j'étais fier. Je lisais en lui mon passé d'élève studieux mais également rêveur. J'ai connu d'autres inscriptions, sur les murs du vieux Paris, sur un pont du Lot, usé à force d'avoir été emprunté, sur un beau cèdre qui respirait à chaque printemps comme s'il en était encore au début de son existence, sur le visage de mes parents qui « m'avaient eu tard ». Cependant, je conservais toute ma tendresse et mes faveurs pour les inscriptions que je lisais, enfant, sur mon buvard. J'aimais qu'il n'y eût pas une exacte équivalence entre ce que j'avais écrit, rédigé et ce que le buvard en avait conservé. Etrange mémoire, mystérieuse alchimie aux termes de laquelle toutes les voyances et les acrobaties des écrivains ne sauraient m'étonner. Ces jambages, c'était le résultat final d'une opération qu'il fallait lire à l'envers, et ce trait un peu plus nerveux qui sentait la poudre, c'était le terme d'une rédaction que j'avais achevée dans la jubilation. Ce nom exotique, ce devait être une capitale de la Bessarabie dont j'avais peine à retenir le nom. Ce grimoire avait plus de valeur qu'un miroir fantomal et irréel, qu'un journal (écrit avec complaisance), que le regard d'un autre être aujourd'hui amoureux, plus tard oublieux de tout ce que je lui aurais donné. J'ai connu, par la suite, ces subterfuges, ces truquages, ces petits cailloux blancs dont nous usons pour garder quelque chose de ce que nous avons vécu, mais j'ai su vivre dans les bonheurs et la fidélité de l'âge du buvard. L'âge du buvard de Sansot, comme on parle de l'âge de pierre de l'humanité ou de la période bleue de Picasso.

Je me livrais parfois à l'expérience dite du « buvard ». Je faisais volontairement (et l'expérience réside dans cet aspect concerté) une tache et j'observais comment le buvard absorbait un liquide, une matière aussi précieuse (de l'encre) qui peu à peu se volatilisait.

L'expérience était assez lente pour se prêter à l'observation. Elle manifestait une constance certaine à travers la différence des conditions atmosphériques et des saisons. Je n'ai jamais, pour ma part, assisté à un phénomène subit d'évaporation. Mes camarades obtenaient les mêmes résultats et cette universalité dans les conclusions nous donnait le sentiment de former une petite communauté scientifique, alors que, paradoxalement, nous ne nous intéressions guère aux T.P. de notre professeur de chimie. Bergson avait écrit dans un moment d'inspiration : « il faut attendre que le sucre fonde ». Il aurait été plus imageant et plus fidèle aux rêveries de l'homme d'écrire : « il faut attendre que le buvard absorbe la tache d'encre ». N'allez pas croire que le buvard jouait seulement un rôle expérimental. Au premier chef, il constituait un ornement. Il était là au milieu des feuilles du cahier, comme une sorte de collerette rose. Pour mieux affirmer sa gratuité, nous aurions aimé ne jamais nous en servir.

Si tel n'avait pas été le cas, le corrector aurait pu se substituer à lui. Ç'aurait été oublier qu'il n'appartenait pas au même registre de notre imaginaire. Il effaçait, mais avec brutalité. Le buvard transférait la tache d'une étendue à une autre. Le corrector ignorait ce transport poétique, ce beau travail métaphorique. Je rangeais le corrector dans le champ des acides, des objets violents, en quoi il s'opposait à la bonhomie du buvard. Il laissait pressentir la fraude. Il nous aurait incités à effacer des remarques déplaisantes du maître à notre égard. Les adultes nous en interdisaient la possession. A croire que l'homme (ici l'enfant) était mauvais par principe et qu'il fallait écarter de lui tout ce qui pouvait le pousser à satisfaire ses mauvais instincts. Oui, il nous arrivait de gommer, mais la gomme exigeait de la patience, elle était molle comme l'un de nos doigts, elle était une petite langue fade. Elle laissait surgir des copeaux, des pelures, et elle nous instituait artisans. Elle ne se permettait pas de faire passer, en un seul instant, une inscription de l'être au néant.

J'associe encore à cette imagerie et à cette sorcellerie de l'encre la pierre ponce. Quand nous avions taché « en profondeur » nos doigts, le savon de Marseille ne suffisait pas à les rendre à nouveau propres et nous devions frotter nos mains à une pierre ponce qui entamait notre peau. Sa seule vue me paraissait insupportable et injustifiable puisqu'il existait tant de pierres précieuses de toutes les couleurs et puisque la pierre la plus modeste sur un chemin prenait valeur et me faisait signe. J'ai rencontré, par la suite, hélas, des buvards qui appartenaient à cette même espèce maléfique. Ils n'absorbaient pas l'encre, ils avaient la sécheresse de vieilles filles rancies, de punaises d'église, pour reprendre une expression dont mêmes les croyants usaient à cette époque. Je les reconnaissais du premier coup d'œil, je n'avais pas à les toucher. Il me suffisait de les sentir pour être convaincu de leur nullité parfaite. J'ai connu, pendant la guerre, toutes sortes d'ersatz, de café, de lait, de thé, de sucre, de pain et même de viande (seul l'Antique échappait à cette dérive simiesque: Cicéron, Isocrate plaidaient comme il y a vingt siècles et nous leur savions gré de pérorer comme si le monde n'avait pas pris feu. Le lait ne contenait plus de matières grasses, mais rosa continuait à se décliner à l'accusatif rosam et au génitif rosæ), j'ai dévoyé mon goût et me suis pris de tendresse, de plaisir pour certains de ces ersatz. En revanche, je n'ai jamais manifesté quelque indulgence à l'égard de ces simulacres de buvard. La noirceur secrète du lait, j'en conviens, mais la sécheresse rèche du buvard, quel non-sens matériel, quel mensonge dépourvu de crédibilité !

C'était, je l'ai dit, un buvard confortable. A le regarder, je ressentais ce plaisir que d'autres éprouvent dans une salle de bains ou dans un bon chandail, dans la laine ou le miel, ou encore, paraît-il, dans un cottage anglais. En le considérant, j'épongeais (l'expression est mal choisie car je me serais bien gardé de l'abîmer par mes larmes) mes chagrins d'enfant, d'écolier. J'oubliais d'ajouter qu'il était d'un rose qui aujourd'hui, et c'est le seul reproche que je me permets de lui adresser après tant d'années, me paraît déliquescent, horriblement kitsch. Avec cela, et l'on me comprendra, possessif, jaloux. Je n'avais jamais prêté mon buvard, alors que je donnais quelques-unes de mes billes quand j'avais trop gagné ou que je partageais mon goûter, ce qui, sous l'Occupation, était estimable. Je me soulevais parfois au-dessus des épaules de mon voisin de devant pour examiner son buvard et le comparer au mien. Je me disais qu'il vieillirait, qu'il serait sur le point de se déchiqueter, qu'il lui faudrait prendre sa retraite, que, bien sûr avant, je l'amènerais avec moi jusqu'au bac ou même sur les bancs de la faculté si je pousuivais aussi loin mes études. Alors je le laisserai dans un coffret que ma mère m'avait offert. Il serait là ! Il jouirait d'un repos qu'il avait bien mérité.

Or, je le perdis ou on me le vola. J'inspectais en vain les cahiers de mes camarades. Comment me consoler ! Je songeais à entreprendre une collection de buvards, ce qui paraissait alléchant et propre à me faire oublier mon chagrin. L'entreprise demanderait du temps car il existait des buvards de toutes sortes : petits, plus grands, carrés, rectangulaires, et certains portaient emblématiquement la marque de produits en vogue. Dans mon désespoir, et pour me venger de l'univers, de mes parents qui n'y étaient pour rien, je me disais que je n'hésiterais pas à vendre quelques-uns de mes objets personnels, voire de mes vêtements, pour posséder un jour la plus belle collection de buvards du monde. S'il le fallait, je me dessaisirais de mes vestes, de mon costume du dimanche. Ce n'étaient que velléités, trépignements de pieds, puisqu'en fait je n'aurais même pas osé vendre un vieux chandail — de plus, le projet n'avait pas de sens. On collectionne pour obtenir, enfin, le terme de la série qui manque et qui rendra la collection achevée. Or, cet ultime élément privilégié n'existerait jamais puisque c'était précisément le buvard que j'avais perdu pour toujours.

Je renonçais au projet. Je me pris d'amitié pour un galet que j'avais trouvé sur la plage de Rabba-Capeu. Il était lisse, je le polissais longtemps dans ma poche. C'était tout de même étrange d'être passé d'un objet aussi moelleux, un peu pataud (diraient certains) qu'un buvard à un autre élément aussi dur. Au cours d'une échauffourée dans la cour du lycée, on me fouilla, on me soupçonna d'avoir ce galet dans ma poche pour me livrer à des dégradations matérielles ou à des combats de rue, extravagances sans pareilles. Je fus puni, et la première mesure que l'on prit à mon encontre fut de me confisquer le galet.

Décidément, le sort s'acharnait contre moi. Je pris conscience que l'on peut toujours trouver un colifichet, un substitut mais qu'également il était insensé de se vouer à un subterfuge quand le destin s'en mêlait. La série noire qui avait causé la perte de l'objet aimé atteindrait de la même manière et en vertu du même maléfice les substituts. A l'avenir, je renoncerai à l'illusion, à ses misérables parades dont les adultes, qu'ils soient ou non proustiens, se satisfaisaient. Ainsi, je devins métaphysicien à un âge où on ne l'est pas encore, et je cessai de l'être quand mes camarades le devinrent — malheureusement pour moi, puisque cela se passait en terminale et que l'on me demandait alors de remettre des dissertations de philosophie. Je pris conscience de la fugacité de nos attachements. Je me dis que mes parents auxquels je tenais tant et que j'avais cru éternels disparaîtraient un jour. La guerre ne nous épargnait pas tout à fait à Nice. Nous apprenions la mort d'un jeune homme fait prisonnier en Allemagne. Les Américains, dans leur prudence, bombardaient la ville au lieu de cibler, avec plus de précision, quelques points stratégiques comme le pont de Saint-Laurent-du-Var.

Au milieu de tant de désillusions, j'ai surtout associé la perte de mon buvard à celle de la ville de Nice. Il m'arrive de revenir sur les pas de mon enfance et je ne reconnais plus ces lieux qui me firent fraternellement cortège : on a défiguré les maisons de maître du boulevard Dubouchage, les palais de Cimiez, le casino Ruhl, des maisons populaires autour de la place Barla et le Paillon que l'on a recouvert d'une lourde chape. Je m'avance au milieu d'un charnier de signes. Certains hommes ont réussi à bétonner mon adolescence. Je crois, contre toute raison, car je connais assez bien le jeu et la force de la spéculation foncière, que la ville n'aurait pas été dégradée aussi bêtement si j'avais su garder mon buvard. Mais alors, quelle idée, qui, hélas, me ressemble, d'avoir lié mon destin, ma mémoire, mes lignes de chance à un objet aussi périssable qu'un buvard.

La corbeille à papiers

J'avais obtenu de mes parents un cadeau que les enfants leur demandent rarement : en l'occurrence, une corbeille à papiers. La chose paraîtra encore plus étonnante si l'on songe qu'à cette époque et dans le milieu auquel j'appartenais, les enfants n'étaient pas considérés comme de petits singes et qu'ils bénéficiaient rarement d'une chambre postiche qui reproduisait en miniature tous les éléments de la chambre de leurs parents. C'est, sans doute, ce qui constituait pour moi tout le charme de cette corbeille ; elle appartenait au monde des adultes et, surtout, de ceux d'entre eux qui officiaient dans les bureaux, les ministères, ou encore elle renvoyait aux membres des professions libérales, avocats, notaires, huissiers. J'avais dû assister à une pièce de Labiche où un monsieur important, avec une cravate La Vallière, rédigeait des actes tandis qu'un secrétaire ou un domestique attendait, dans le silence, qu'il consente à leur communiquer ses ordres. La corbeille me restituait le domestique à gilet rayé, le bureau empire, le parquet qui sentait bon la cire et même le plumeau du domestique. Je n'étais pas dupe, je veux dire que je n'aspirais pas à m'encombrer plus tard de tant de meubles et de personnel. Je jouais, je faisais comme si j'en avais envie et je continuais à vivre dans le désordre, à ne pas ranger mes affaires, à porter des vêtements usagés sans me plaindre. Hélas, je n'avais pas le droit de gâcher du papier, je devais surcharger mes brouillons pour l'économiser. Je n'aurais pas eu l'idée d'aller jusqu'au bout de la parodie en demandant à mes camarades des feuilles usagées dont j'aurais rempli la corbeille. Je me livrais à toutes sortes de trafics, mais non point à celui-là.

Puisqu'elle n'était pas d'un grand usage — mais cela, je le savais, quand je l'avais demandée à mes parents —, il me restait à rêver autour d'elle. Elle représentait un choix, une somme de choix entre ce que l'on décidait de garder ou de jeter. J'imaginais, sous cette forme, la responsabilité de cette chimère que j'appelais l'écrivain. Le choix surgissait crucial, dramatique, non point au moment de raturer, de biffer, de recommencer, mais quand il devait se demander ce qui méritait de demeurer sur sa table de travail. C'était l'image même de la condition humaine. Car les autres qui n'écrivaient pas devaient bien recevoir, s'ils étaient des hommes importants, du courrier. S'ils répugnaient à le classer dans des dossiers (ce qui m'a toujours paru un acte horrible, aussi condamnable que d'enfermer des vivants ou des souvenirs dans un placard jusqu'à ce qu'ils étouffent), la masse des lettres devait s'accumuler, et il venait un moment où il fallait bien se débarrasser d'une partie de son passé, donc de soi-même. J'ai, par la suite, bien longtemps après ce cadeau, connu cette angoisse ou ce problème. Je recevais du courrier, parfois des mises en demeure, je corrigeais des copies, j'écrivais des broutilles, je posais en outre des affaires qui n'auraient pas dû figurer sur ma table de travail. Je me refusais à jeter quoi que ce soit. Ce serait peut-être la lettre d'un être que je connaissais à peine mais qui, dans un mois, dans un an, me manifesterait une amitié sans partage. C'était une lettre de mes parents qui, un jour, disparaîtraient. Si je la conservais, je découvrirais au détour d'une page lue trop distraitement l'affection profonde qu'ils me portaient. C'était un appel qui m'avait laissé muet parce que je ne savais pas comment y répondre et, maintenant, je trouverais la bonne réponse. Plus extravagant, plus hasardeux, c'étaient des pages que j'avais écrites moi-même, que j'avais rédigées dans un moment de bonheur et que je n'arrivais pas à relire et, peut-être, le don de voyance me reviendrait-il, non point parce que mes yeux auraient retrouvé leur diversité, mais parce que j'entrerais à nouveau en sympathie intellectuelle avec ces instants où je les avais rédigées.

Tout ceci n'explique pas l'attention indiscrète que je prêtais aux corbeilles de papiers des autres. Tandis que mes petits camarades farfouillaient dans les armoires de leur mère, de leur sœur aînée, pour inspecter leurs sous-vêtements, parfois pour les sentir, parfois pour s'en revêtir à l'improviste et avec la peur d'être découverts, un porte-jarretelles entourant leur taille, je m'intéressais aux corbeilles à papiers. Ce n'était pas seulement en raison de mon goût de l'écriture et des livres que je regardais avec une passion partagée. J'avais dû succomber à mes lectures policières. A cette époque, un fin limier découvrait un criminel, une loupe à la main, à partir de traces, de la cendre d'un cigare, de quelques cheveux, d'un certain parfum de femme qui ne s'était pas encore dissipé. La police ne disposait pas encore d'un appareil technologique sophistiqué. Je ne renie pas ces enquêtes qui reposaient sur la vivacité des sens et qui nous montrent à quel point nous sommes des faiseurs de traces, d'empreintes, de sécrétions. C'est bien à ce niveau que je devais me situer sans transposer pour autant la métaphore au niveau d'une alchimie spirituelle dont j'étais bien incapable. Au début, je me conduisais lamentablement comme un petit docteur Watson. A travers cette corbeille, je cherchais à reconstituer la journée d'un de mes hôtes. J'étais d'une origine modeste, le mystère des familles plus huppées me fascinait et la grandeur de leur demeure renforçait leur prestige. J'aurais désiré savoir comment ils aimaient, comment ils écrivaient et répondaient à la sollicitation d'un quémandeur, comment ils étaient devenus riches. Puis, je m'étais détourné de cette recherche qui risquait de me mener du côté des ragots, des coulisses peu glorieuses d'une maisonnée. J'écoutais plutôt à travers les froissements d'une feuille, à travers le murmure de ces archives présentes, une destinée. J'apprenais à distinguer ainsi, avec beaucoup de finesse, un notaire d'une famille d'expéditeurs de pruneaux ou d'un médecin.

J'ai été très déçu lorsque je me suis aperçu que le curé de notre village ne possédait pas de corbeilles à papiers. Cette découverte aurait risqué de me faire perdre la foi, s'il n'y avait eu le ciboire, le calice, le missel, le confessionnal, le jardin de la cure et la présence de Dieu.

Mes camarades, du moins les plus intimes, connaissaient « ma perversité ». Ils en éprouvaient d'autres qui étaient plus communes car, à nous tous, nous formions une bande bien sympathique de jeunes fripons. J'étais en émoi quand je froissais dans la poche de mon pantalon certains vieux papiers tandis qu'il leur fallait, pour atteindre ce même état d'excitation, une culotte de femme ou une jarretelle, et pour, l'un d'entre nous, un porte-jarretelles qui gonflait anormalement la poche de son costume. Comme ils étaient gentils et bien qu'ils fussent étonnés de l'étrangeté de mes goûts, ils me ménageaient des entrées dans les maisons bourgeoises. Ils faisaient le guet, ils occupaient le maître de maison pour que je puisse pénétrer dans son bureau, fouiller dans sa corbeille et m'emparer du papier le plus secret ou le plus moisi ou le plus sec ou le plus odorant. C'est ainsi que j'ai pu visiter la maison d'un huissier à Monflanquin et celle d'un gros négociant à Fumel et aussi celle d'un docteur à Casseneuil. Un goût même exagéré se déplace et je me demande maintenant si ces courses à vélo amicales n'étaient pas ma véritable passion. Pour chercher ces documents, j'ai pédalé à longueur de journée dans le Lot-et-Garonne. Je le faisais aussi parfois à Nice, comme je le ferai plus tard à Paris quand on pouvait encore atteindre sa banlieue. Je croyais ne parler que du papier, peut-être de l'écriture, et c'est le Lot, la Garonne, ses vallons, ses routes départementales quasi désertes où l'on peut rouler en groupe que j'évoque et qui m'émeut à l'instant même. Nos balades n'étaient pas toujours fructueuses. Mon ami Emile Lavielle connaissait la famille d'un pasteur qui logeait dans la ville du Temple. Nous nous y rendîmes aux alentours de treize heures de manière à être invités pour le déjeuner. Nous avions parcouru trente kilomètres sur de mauvais vélos, il faisait extrêmement chaud et c'était une expédition pénible. Je savourais à l'avance le repas que la femme du pasteur nous servirait, et je subodorais ce que je « piocherais » dans la corbeille de son bureau. La religion protestante m'était étrangère, elle me paraissait austère, ce qui excitait ma curiosité : ce serait un papier, une écriture musicale comme la fille du pasteur. Hélas, on ne nous demanda pas si nous avions déjeuné ; nous dûmes nous contenter de quelques fruits qui ne satisfirent pas notre robuste appétit. Je ne trouvais pas l'occasion de pénétrer dans le bureau du pasteur. Ce qui m'amuse aujourd'hui, c'est le souvenir du retour. Nous n'avions pas d'argent pour nous acheter quelque nourriture. Nous étions « crevés », nos vélos n'avançaient plus, nous commencions à nous disputer, ce qui contribuait à nous couper le souffle et les jambes. Nous étions de bons amis et, le lendemain, remis de notre mésaventure, nous en rîmes ensemble.

Je crois qu'Emile me portait la guigne, la scoune. Car, deux jours plus tard, nous allions à Villeneuve-sur-Lot où deux jeunes filles nous attendaient. Elles accompagnaient leur père qui récurait les puits et nous les avions connues à cette occasion, à Saint-Pierre-de-Caubel. Les deux filles babillantes du puisatier, quelle rêverie dans cette expression! Elles nous avaient aguichés, elles paraissaient fières de rencontrer deux jeunes gens qui leur tenaient de beaux discours. Or, à Villeneuve, elles parurent à peine nous reconnaître et elles nous congédièrent au bout de quelques minutes.

J'ai dit que nos expéditions étaient fructueuses surtout quand Emile Lavielle ne s'en mêlait pas. Goudeneige, en revanche, était le plus malin. Il faisait bonne impression auprès des mères. Beaucoup de portes lui étaient ouvertes et, grâce à lui, j'ai augmenté mon expérience (mon savoir) des corbeilles à papiers mais, selon un pacte tacite, je devais à mon tour lui venir en aide. Hélas, pour moi qui suis un froussard, il collectionnait les culottes de femme et il entendait opérer ses prises de nuit pour plus de sûreté. En ce temps-là, en effet, on laissait le linge dehors la nuit pour qu'il blanchisse à la fraîcheur des prairies et à la lumière de la lune. Il fallait alors affronter les chiens et, un jour, en fait de culotte, c'est un morceau de la mienne que je laissais dans la gueule de l'un des molosses. Ma mère fut surprise le lendemain d'apercevoir mon pantalon ainsi déchiré. Comme elle ne me soupçonnait pas de m'évader la nuit, elle se trouvait confrontée à une énigme qu'elle ne déchiffra jamais et dont elle parla souvent. N'ayant pas lu de romans fantastiques, elle n'alla pas jusqu'à imaginer la morsure nocturne d'un loup-garou. Plus tard, Goudeneige sublima sa passion, il voyagea de par le monde qui était vaste dans ces années-là. Il rapporta d'Asie, de Polynésie, d'Afrique, des objets précieux, des masques, des colliers, des étoffes. Je ne l'ai pas suivi sur ces continents et dans cette sublimation. J'ai assez vite compris que ma passion se bornait à quelques cantons du Lot-et-Garonne ; ce qui m'excitait, ce n'était même pas les bastides ou quelques demeures ducales, mais le fleuve et ces demeures bourgeoises de notaire, de médecin, d'avocat, de gros négociant où je me serais ennuyé à mourir si je n'avais pas eu à les rêver mais à les habiter.

Les corbeilles à papiers dans lesquelles je fureterais se trouvaient donc dans ce qu'on appelait le bureau de l'appartement. Il ne s'agissait pas nécessairement d'hommes d'affaires ou de membres de professions libérales mais parfois aussi de fonctionnaires qui possédaient un bureau où ils pouvaient écrire, réfléchir, penser à leur aise. Cette coutume m'étonnait. Elle me surprenait parce que j'étais habitué à écrire, à calculer (et pour moi, la pensée se résumait en ces quelques activités) n'importe où et de préférence là où il y avait du monde et du tintamarre. Ce bruit de fond familier de casseroles ou de paroles, loin de me divertir, constituait un rideau qui m'isolait du reste du monde et me permettait de remonter le Tonkin avec je ne sais quel amiral français, peut-être l'amiral Courbet ou de répondre avec sagacité à un cas difficile de la grammaire française. J'ai gardé longtemps cette habitude et il n'est pas impossible que j'ai provoqué des scènes de ménage ou que j'ai profité des affairements d'un grand nettoyage pour mieux me livrer à des tâches intellectuelles. J'ai écrit, réfléchi, corrigé des copies, lu les premiers « nouveaux romans » dans des trains, sur le quai d'une gare, parce que la correspondance tardait, ou à l'entrée d'un supermarché qui n'avait pas encore ouvert ses portes, dans les escaliers d'un ami absent alors qu'il m'avait donné rendez-vous à son domicile.

Ce qui m'intriguait donc, quand j'étais encore enfant, c'était cette séparation des fonctions et, en particulier, d'une activité qui devait nous accompagner en tous temps et en tous lieux, celle de la pensée. Je la mettais au compte des caprices de la société : n'y avait-il pas aussi des fumoirs, des lieux où l'on fumait, et des boudoirs ! Mais alors, quelle responsabilité ! Nous avions affaire à des inconscients ou à des vaniteux qui se contentaient de leurs maigres pensées et qui ne s'apercevaient pas qu'ils étaient des songe-creux. S'ils possédaient quelque lucidité, mis alors dans la nécessité de réfléchir, n'étaient-ils pas paralysés par l'urgence et l'extrême difficulté de cet office ? Embarqués dans l'endurance mortelle de la pensée comme d'autres prennent un peu trop tard conscience qu'ils auront à franchir une muraille de l'Himalaya et qu'il n'est pas question pour eux de revenir sur leurs pas. J'observais, quand j'en avais l'occasion, les personnages ou les héros de cette comédie. Ils avaient plutôt l'air satisfait. Ce n'étaient pas des risque-tout de l'épreuve de la pensée, résignés à mourir s'ils n'accomplissaient pas leur mission. Je ne voulais pas croire à une telle imposture, je les regardais de plus près au risque de paraître impoli ou stupide. Je cherchais à lire sur leur visage le désespoir de ceux qui se savent promis au déchirement. Mais non, ils avaient de bonnes joues, le regard reposé, du contentement dans l'embonpoint.

Je ne me doutais pas alors (c'était aux alentours des années 40-44) que je visiterai dans mon existence d'immenses rassemblements, en quelque sorte de vastes entrepôts de la recherche scientifique. Ils étaient là, une centaine ou un millier, à peine séparés les uns des autres par une cloison. Ils calculaient, ils rédigeaient des rapports, ils examinaient des hypothèses, ils irriguaient leur cerveau d'un maximum d'informations qu'ils restituaient à un rythme élevé. On me convoqua un jour parce que l'on estimait que je ne pouvais pas continuer à demeurer un chercheur solitaire. J'appréhendais cette démarche comme s'il se fût agi du conseil de révision et comme si l'on devait m'examiner tout nu des pieds à la tête. Je fus pris de malaises et je ne jouais pas la comédie. On me ranima. On remit à plus tard une convocation qui n'est jamais arrivée. J'imaginais avec trop de précision ces lobes frontaux, ces mégapoles de neurones posés les uns à côté des autres et j'avais alors d'autres images en tête, comme celles de poulets qui picorent, serrés les uns contre les autres par milliers, des produits synthétiques, ou comme celles de centres érotiques où des couples forniquent dans des pièces juxtaposées. Le lecteur aura compris mon effroi et mon évanouissement.

L'existence qui présente à l'homme tant d'horreurs m'aura au moins appris la bienveillance et j'ai reconsidéré mes premiers jugements. Quel imbécile j'avais été, du moins en ce qui concerne les bureaux des demeures du Lot-et-Garonne. Il existait, à coup sûr, des hommes qui se donnaient à bon compte de l'importance, mais — j'ai maintenant en mémoire tel huissier de Monclar-d'Agenais ou tel enseignant en retraite de Villeneuve-sur-Lot — ils ne prétendaient pas dans leur bureau reconstruire le monde et jouer le rôle de penseurs. Ils se ménageaient un havre de silence dans un monde de fureurs et de bavardages. Ils écrivaient à peine. Ils lisaient ou, plutôt, ils relisaient quelques livres. Ils les voulaient anciens, non point parce que leur goût s'était figé ou pour ne pas risquer de s'égarer dans les méandres de la modernité, mais parce que ces livres jaunis, écrits voici longtemps, enfermaient avec eux des siècles de calme et reposaient déjà pour l'éternité. Le vieil Horace plutôt que le vieux Tacite, bien que tous deux aient existé à des milliers d'années-lumière de nous. La langue du second résonnait encore trop durement ; dans son laconisme elle faisait éclater la syntaxe latine et elle racontait tant de meurtres. Avec Horace, on était plus tranquille, ce n'était même pas un appel à la sagesse — plutôt un épicurisme serein, feutré. Des hommes ont su ainsi cheminer, dans leur bureau, vers la vieillesse. L'âge défaisait leurs traits, il leur arrivait de grimacer sous le coup de la douleur. Dans leur bureau, au milieu des livres familiers, derniers remparts contre l'horrible solitude des derniers instants, ils recomposaient leur visage. Ils mourraient avec dignité.

J'accorde la même indulgence à Maurice de Brandillac. Nous ricanions parce qu'il déposait sur sa chaire de la Sorbonne des cours jaunis dont les premières pages étaient recouvertes de poussière. Il avait de la peine à défaire la ficelle qui les entourait, et son cours d'agrégation sur Aristote ou sur un mystique allemand ne tenait pas compte des derniers acquis de la science. Nous étions de jeunes loups ou, plutôt, nous avions de nous-mêmes et du savoir une image fausse et flatteuse. Nous n'admettions pas qu'un professeur qui disposait de tant de loisirs ne « réactualise » pas (j'use à dessein de cette expression politique) ses notes, que, par exemple, il ne se tienne pas au courant des nouveaux modes de lectures, tout comme une commerçante en vêtements se rend à Paris pour se tenir au courant des derniers articles à la mode. Il manquait, pensions-nous, à son devoir, à sa mission d'enseignant et, singulièrement, à celle de philosophe. Nous étions, en fait, des esprits mal dégrossis. Maurice de Brandillac avait dû rédiger ses notes vingt ans auparavant, il n'avait consenti à les livrer qu'une fois plongées dans l'oubli, dans le mystère des ans, qu'une fois les passions et les émotions impures éteintes. Quel contraste avec notre fureur de publier au plus vite et avant les autres et de proposer un manuscrit, la dernière page à peine écrite! Tout ceci au milieu de la réprobation qui atteint l'homme illustre qui depuis deux ou trois ans n'a pas produit et dont on oubliera vite le nom s'il ne tient pas en haleine son public par de nouvelles œuvres ou par de nouvelles ruptures épistémologiques.

Ma quête des corbeilles à papiers a eu mauvaise haleine aux alentours de la trentaine. Je devais avoir pris goût à la défécation et m'être constitué une petite métaphysique sauvage des restes. J'aimais que demeurent, après un repas, sur la table des plats que l'on n'avait pas finis, des cadavres de bouteilles, que l'on ne se hâte pas de la « débarrasser ». La mort se mêlait à la vie. On assistait avec les autres convives à une cérémonie de la décomposition. Mais, en ce qui concerne l'écriture, on devrait être découragé, me semble-t-il, à l'idée d'avoir « décheté » à ce point: des phrases alignées à d'autres phrases et tout cela pour rien, c'était un peu moins triste qu'un manuscrit dont aucun éditeur ne veut ou qu'un livre qui se vend mal. Les plus optimistes devaient se dire que c'était le moment nécessaire d'un long labeur, une manifestation de leur exigence et s'il ne restait qu'une phrase de toutes ces ébauches qui avaient regagné la corbeille à papiers, elle rachèterait par sa rareté tant d'efforts. Les plus romantiques y voyaient la marque d'une dépense gratuite. Ils gaspillaient de l'encre, du papier comme d'autres plus riches ou plus matérialistes jettent à profusion des fleurs et suscitent des feux d'artifice. J'étais moins romantique,

Bataille ne m'avait pas tout à fait persuadé. J'étais saisi par une sorte de nausée à la vue de tant de pages griffonnées, écorchées et rejetées. Certains de mes camarades s'exaltaient à cette boucherie, ils croyaient avoir beaucoup travaillé parce qu'ils avaient noirci beaucoup de papier, et, pour un peu, ils se seraient exclamés ravis : « aujourd'hui, j'ai fait trois corbeilles et demie de papier ». S'ils avaient rêvé plus grand, ils auraient parlé de tombereaux.

Je distinguais ceux qui étaient délicats et les autres. Les premiers froissaient à peine le papier, ils se gardaient de le comprimer. Cela constituait à la fin de la journée une sorte de feuilleté et les différentes épreuves trouvaient leur place dans la corbeille, au hasard, dans une belle liberté. Les seconds, au nom de l'efficacité ou par rage contre eux-mêmes, pressaient le papier jusqu'à ce qu'il devienne une boulette. Ou encore, ils le jetaient sans ménagement dans la poubelle commune, au milieu du gras, des épluchures et des autres immondices. C'est ainsi que, dans le même esprit, un de mes collègues faisait voisiner dans sa serviette des morceaux de jambon ou de fromage qui dégoulinaient sous l'effet de la chaleur et des copies, une édition de la *Critique de la raison pure* ou encore les *Méditations* de Descartes, dont il parlait avec beaucoup de discernement. J'étais intrigué, je voulais connaître sa personne. Je n'ai pas remis en cause son intelligence, ses facultés d'analyse et de synthèse. En quelques mois, il vous désossait un Bergson ou un Fontenelle, et il vous le reconstituait structurellement mais, hélas, il ne le faisait pas avec humour, sur le mode du simulacre comme ces grands traiteurs qui mettaient tout leur talent à reproduire la bête qu'ils avaient farcie et découpée. La vie quotidienne me confirma que c'était une brute, y compris une brute de travail, qu'il ne saisirait jamais les nuances de l'existence, de l'amitié, qu'il offusquerait d'autres êtres sans s'en rendre compte.

Oui, nous étions jugés par notre façon de nous débarrasser de nos cadavres, de nos ébauches, de les enterrer avec soi ou sans précaution. Quand il eut acquis un peu de fortune, il habita un appartement d'un certain standing et il s'extasiait de l'existence du vide-ordures qui le débarrassait de la corvée des poubelles. Il jetait pêle-mêle bouteilles, boîtes de conserve, livres devenus inutiles, dans la bouche immonde qu'il ne refermait pas avant d'avoir entendu le glouglou saumâtre de la bête. J'appartiens donc comme lui à cette civilisation du vide-ordures même si j'en ai honte et même si mon immeuble n'en comporte point.

La rareté du papier ennoblissait ma corbeille. Elle n'avait pas besoin de ce qu'on appelle le design pour être belle, et je suis persuadé qu'ainsi enjolivée, camouflée, elle n'aurait plus la même valeur à mes yeux. Elle était simple et en osier ; elle laissait paraître cette matière rare et précieuse qu'était, en ce temps-là, le papier.

Je n'ai plus de corbeilles à papiers. Je ne suis pas devenu notaire ou huissier et le serais-je devenu que les mignonneries qui servent à ce même usage n'auraient pas mérité ce beau nom. J'abandonne sur le parquet les papiers dont je ne veux plus mais ceux que je suis en train de travailler reposent, eux aussi, à même le sol. Il nous faut deviner la ligne qui les sépare. Tantôt les feuilles rejetées débordent de leur territoire, tantôt le bloc des livres, des recueils, des feuilles à conserver s'effondre. Je gronde. Je rappelle à l'ordre ces masses indisciplinées. Il nous faudrait un peintre comme Elstir pour peindre ces eaux mêlées, ce difficile partage de la terre et de la mer, de la vie et de la mort.

Les livres d'occasion

Je tenais donc à mon cahier, je me remettais mal de sa dispersion en une multiplicité de modèles. Il n'en était pas de même de mes livres. Je n'ai jamais cédé au vertige du livre universel qui rendrait tous les autres inutiles et qui exigerait une vie entière pour être déchiffré. Je n'ai pas rêvé de cette unique bible qui semble avoir hanté tant de cultures. Catholique, je ne revenais pas à un livre inspiré de Jéhovah mais à des bribes de vie, à des exploits au cours desquels Jésus avait manifesté avec éclat sa divinité. Cela ne me suffisait pas. Je lisais avec ravissement d'autres récits qui racontaient l'existence exemplaire des chevaliers du bien, de saintes, de bienheureux avec leur fin édifiante, de préférence un martyre subi dans la jubilation. Je n'éprouvais pas le besoin d'accorder entre eux des hauts faits qui s'étaient passés en des lieux et des époques différentes, avec des martyres blondes livrées aux lions et des saints succombants à l'extase des flèches qui les transperçaient. La Bible, chez moi, avait subi la même contamination. Elle n'était pas la source d'une réflexion austère, d'un détachement des apparences de ce monde, mais sa sublimation enchantée. La terre de Canaan, un verger multicolore aux fruits dorés, d'une abondance démesurée en un temps où nous vivions chichement — des buissons ardents dont le feu était sans flammèche et sans fumée, une échelle invisible qui reliait la terre au ciel. Une mer Rouge (quel étonnement pour un Méditerranéen habitué à la grande bleue !) qui s'entrouvrait pour laisser passer des hommes, et encore il y eut des femmes changées en statues de sel, avec des lèvres, une poitrine, des hanches de sel, une Babylone plus séduisante qu'abhorrée à laquelle j'accrochais des jardins suspendus et même le désert n'avait rien de redoutable, le vent ne soufflait pas sur lui, il venait illimiter des villes aux noms prestigieux. J'acceptais la dispersion, le polythéisme, le polytellurisme, un monde plein à craquer d'extases, d'apparitions et, malgré sa plénitude, il ne m'étouffait pas. J'y vaquais à mon aise. Le surnaturel n'était pas là pour masquer quelques failles, quelques blessures de la nature, mais il la faisait frissonner, il nous faisait entendre ce qu'elle murmurait, ce qu'elle n'osait pas tout à fait nous avouer dans ses délires.

Il en était de même de mes livres de loisir. Je n'avais pas la manie des collections. J'entremêlais des Jules Verne, des Zola, des Zevaco, des Balzac, des Paul Feyval. Je leur demandais seulement d'élargir mon univers. Il y avait ceux qui me permettaient de pénétrer sous la mer ou au centre de la terre et ceux qui m'instituaient membre d'une colonie de fourmis et ceux qui m'entraînaient dans les souterrains de Paris. Je m'aperçois que je ne tournais pas mon attention du côté des hommes, que je ne cherchais pas à identifier ma vie au destin exceptionnel d'un héros. Ce qui m'importait, c'était la magnification de la Terre et que l'on chante la gloire du sensible. Voir autre chose, non point parce que je m'ennuyais en ce monde, mais parce que je soupçonnais en lui des secrets, des profondeurs, des piments que je n'arrivais pas, pour ma part, à percevoir.

Cette opposition du destin du cahier et du livre apparaissait encore mieux au début de l'année scolaire quand il fallait nous procurer les livres. Pour la plupart, nous achetions des livres d'occasion. Seuls, quelques riches ou quelques naïfs achetaient des livres neufs, par peur d'une quelconque contamination comme si, et c'était plutôt l'opinion de leurs parents, ils apprenaient mieux sur des pages vierges de tout gribouillis. Pour ma part, quand j'ai acheté des livres neufs, je me suis senti désemparé devant ces livres roides et le savoir me paraissait tellement impersonnel que je n'arrivais pas à me l'incorporer. J'étais meurtri pendant quelques semaines comme lorsqu'on portait autrefois des souliers neufs. Seulement il fallait trouver « l'occasion ». Nous nous répandions de tous côtés à sa recherche. Cette quête éparpillée, folle, n'a plus beaucoup de sens maintenant puisque les associations de parents d'élèves ont organisé la chose. Nos parents nous avaient donné une certaine somme avec laquelle nous aurions à nous débrouiller, nous étions à la fois vendeurs et acheteurs. Nous nous postions autour des librairies, du lycée, de quelques squares voisins. Quelques-uns se précipitaient d'un air fiévreux comme s'ils étaient en état de manque et il me faisait penser à ces hommes qui vont et viennent dans les quartiers chauds et qui n'attendront pas longtemps avant de choisir celle avec laquelle ils « monteront ». Nous ne nous étions pas donné rendez-vous et pourtant, en fin de journée, nous étions quelques centaines de garçons en train de déambuler, d'occuper un bout de trottoir bien placé ou le début d'un couloir. Attentifs, de peur qu'un effronté ne nous vole le livre dont il avait besoin. Nous avions alors en tête la rengaine perpétuelle de nos parents au cours de l'année scolaire précédente : « Prends bien soin de ton livre. Tu le revendras mieux » et, à la vérité, quelques-uns de nos manuels étaient peu présentables. Nous ne devions pas être les uns et les autres bien soigneux tant ils avaient souffert. Ecornés, écorchés, esquintés, abîmés, salis. Une foire d'esclaves et d'écloppés. Leur saleté nous excitait. Nous nous arrêtions pour palper un manuel qui n'était pas celui de notre future classe, avec pour seul plaisir de le caresser, de mettre nos doigts sur ses plaies, de constater sa déchéance. Et dire que j'ai rencontré par la suite ce que l'on nomme des bibliophiles, à la recherche du livre rare, exquis et qu'ils ne prêteraient pas de peur qu'on ne l'abîme ou même seulement qu'on ne le lise, puisque toute action, même celle de lire avec les yeux respectueux, entraîne une passion du côté de l'objet ainsi regardé! Enfants, avaient-ils déjà ce souci de la perfection ou se livraient-ils à des caresses peu avouables et maintenant refoulées?

Je ne sais comment interpréter ces orgies collectives auxquelles les plus sages ne se dérobaient point: le désir d'humilier, de bafouer ce qui nous avait coûté de la peine, des réprimandes, de l'ennui? la volonté de tenir au rang d'esclaves nos maîtres (nos mentors) de l'année précédente? ou bien, au contraire, un amour sincère du livre enfin libéré de notre cartable ou de notre pupitre, enfin offert à tous, exposé au soleil d'une belle journée d'octobre, entrouvert, exhibé, donc magnifié, non plus petite parcelle du savoir, résumé refroidi de ce que les hommes avaient vécu ou d'une langue qui n'était plus parlée, mais petite boule de tendresse, de chaleur, toute pleine de la mémoire des matins et des soirées d'un enfant d'autrefois ?

Au cours de ces rencontres, nous étions à la fois des trafiquants et des marchands honnêtes, des escrocs et des victimes. Je goûte mieux maintenant la saveur de cette foire d'empoigne, de ces maquignonnages en une époque où l'on s'achemine vers le prix unique du livre et où il ne viendrait à l'esprit de personne de marchander le prix officiel d'un manuel. De plus, l'Ecole (le Savoir) se prétendait à l'abri du profit, des coquineries de la vie quotidienne. On comprenait qu'un marchand de vaches ou de fruits occulte les défauts de sa marchandise et que, partout ailleurs, à travers héritages, prêts usuraires, abus de confiance, les hommes cherchent à gagner de l'argent d'une façon malhonnête. Mais l'Ecole, elle, était vertueuse. Elle ne promettait rien. Elle préférait parler des grands hommes au-dessus de tout soupçon. Elle sanctionnait tout manquement aux règles de l'orthographe et de la grammaire. Elle allait jusqu'à ignorer le cours du temps. Ses professeurs avaient accepté une aisance médiocre pour transmettre ce savoir ; ils avaient même l'allure ridicule, claudiquante, empruntée, à laquelle on reconnaît les honnêtes gens. Or voilà que nous extirpions les livres de cet univers immaculé pour abuser et frauder, ou, du moins, pour exposer au grand jour les compagnons que nous avions avilis. Les libraires donnaient souvent le mauvais exemple. J'ai encore en mémoire le souvenir suivant. Un jeune homme avait vendu son dictionnaire de latin, disons contre dix francs de l'époque ; le libraire s'était fait prier et avait donné l'impression de se livrer à la charité. Il y avait de l'offense dans la manière dont il avait accordé le billet au collégien. Je vaquais dans la librairie et quelques minutes plus tard, le même libraire vendait ce même dictionnaire pour la somme de trente francs. Je me sentais devenir Alceste. J'étais jeune et je n'osais pas exposer la forfaiture. L'aurais-je tenté que les commis m'auraient mis à la porte après m'avoir bousculé.

Nos escroqueries étaient d'une moindre portée et elles se produisaient en principe d'égal à égal. Ainsi il manquait à l'ouvrage vendu une vingtaine de pages arrachées un jour de colère. Pire, nous affirmions auprès d'un candide qu'il s'agissait d'un manuel en vigueur alors qu'il avait été remplacé par un autre et que nous cherchions à le vendre depuis deux ans. L'acheteur, s'il était peu fortuné, se passerait du livre exigé, il serait dans l'obligation de recopier versions et exercices pendant toute l'année. Ses camarades en profiteraient pour lambiner et pour le vexer. Le lendemain, la victime nous chercherait en vain et nous ferions semblant de ne pas la reconnaître. Si elle avait plus de forces que nous, elle nous contraindrait à réparer notre abus de confiance. J'ai vu d'autres choses plus étonnantes. Un garçon dont les parents avaient acheté tous les livres neufs de l'année à venir, les revendait à un prix ridicule, il les bradait et avec cette somme non négligeable, il se rendait à l'autre foire toute proche, celle des stands de tir et du « grand-huit », qui se tenait sur l'esplanade du Paillon non loin de notre lycée Masséna. Je revis ce garçon le lendemain et j'aurais bien aimé lui demander comment il s'y était pris pour expliquer la disparition de tous ses livres. Quelques garçons plus subtils et plus inattentifs à l'enseignement de leurs maîtres, inscrivaient sur leurs livres, pendant les cours, leurs propres textes. Ils avaient prévu que d'autres regards liraient leurs ouvrages. Alors ils avaient confectionné une sorte de feuilleton qui sautait de la page trente-neuf à la page cent quarante-deux pour revenir à la page quatre-vingt-six. Comme l'acheteur serait en principe un autre élève anonyme, ils déballaient des confessions intimes, des propos orduriers. De toute évidence, nous nous acharnerions à déchiffrer leurs gribouillis et nous deviendrions leurs complices : profitant de cette connivence, ils acquéraient le droit de nous entraîner dans leur tourbe. La jeune canaille avait bien ferré la victime. Elle nous attirait dans des rues de plus en plus mal famées et nous n'osions plus retourner sur nos pas. Si le professeur nous avait surpris en classe pendant ce travail de déchiffrage, nous aurions rougi de honte.

Nous accordions un privilège particulier aux livres qui n'étaient pas comme les autres. Les atlas, mais ils étaient rares. Même si notre connaissance de la géographie se limitait aux frontières de la France, nous rêvions de ces cartes qui embrassaient la totalité du globe, avec des terres froides où jamais la glace ne fondait et des pays équatoriaux qui invitaient à la paresse, à la luxuriance. Certains petits fascicules (de chez Hatier ? de chez Hachette ?) contenaient une tragédie de Corneille ou une comédie de Molière ou quelques extraits d'un roman d'Alfred de Vigny. Ce qui m'excitait, c'est qu'on les bourre à ce point : une préface, des notes en bas de page, des questions à poser après chaque scène, etc. Ils se vendaient à des prix ridicules et à ce titre, ils ressemblaient aux objets enfantins que l'on obtient avec de la menue monnaie, comme les caramels, les réglisses. Je marchandais, j'obtenais un troisième, un quatrième fascicule, un Lamartine et un Musset en sus de deux livrets de Molière.

Tout à l'opposé, trônaient les vénérables dictionnaires. Ils nous accompagneraient pendant les années de scolarité. Il fallait donc qu'ils fussent en bon état mais ils étaient assez rares ; même les élèves de terminale tenaient à les conserver, ils ne se résignaient à les vendre que s'ils étaient à court d'argent. Leurs auteurs inconnus de nous avaient réussi à donner leur nom à un dictionnaire, tout comme Frigidaire a pu valoir pour réfrigérateur, non point un dictionnaire de grec mais un Bailly, non point un dictionnaire de latin mais un Gaffiot et, à un degré moindre un Quicherat. Ils n'entraient pas dans nos cartables, nous les portions à la main, ils imposaient à notre démarche une allure plus grave, proche de celle des sénateurs romains, quand des gamins turbulents ne s'en servaient pas comme des massues. Quelle dépense pour une bourse modeste ! En les achetant, nous passions auprès de nos parents une sorte d'engagement moral de nous appliquer, d'en user à bon escient, de faire fructifier ce capital considérable de mots et d'expressions. Certains mots-clefs comprenaient cinq ou six acceptions et exigeaient plusieurs colonnes. Il fallait s'y prendre et s'y diriger avec autant de dextérité que les employés de chemin de fer et les hommes d'affaires quand ils compulsent un Chaix. Il y avait tant de choix, de bifurcations, avec des sens dérivés ou figurés ou parfois antithétiques. Ne pas se laisser abuser dans l'exercice du thème par cette énumération, se défier des auteurs dont la langue latine sentait le soufre ou plutôt la décadence. Nous attendions le miracle. Un mot trouvé dans la version à traduire nous livrerait une phrase toute entière et nous tiendrions un fil d'Ariane. Je regardais certains de mes camarades qui allaient ainsi de mots en mots, avec l'espoir de recomposer paresseusement la totalité du texte. Je me refusais à ce labeur. J'apprenais des rafales de mots, d'expressions. Je n'ouvrais le dictionnaire qu'en dernière urgence, pour un apax. J'aurais bien le temps plus tard de feuilleter des annuaires, des imprimés. Je risquais le sens d'un mot qui m'était inconnu. Je préférais ce jeu de hasard de l'intelligence à une longue patience. Je terminais donc beaucoup plus vite que mes camarades. L'ennui s'emparait de moi. Je compulsais alors le dictionnaire au gré de ma fantaisie, pour le seul plaisir, sans rien attendre de lui. D'autres camarades moins contemplatifs tentaient une autre méthode. Ils avaient acheté un dictionnaire simplifié dont leurs maîtres disaient du mal mais ainsi ils allaient plus vite manuellement. Ils tentaient des grilles différentes. Ils avaient inventé la « blitz-version », capable du pire comme du meilleur. Après l'épreuve de la composition, ils repartaient chez eux, légers, décontractés, en espadrilles tandis que nous étions encombrés par nos dictionnaires volumineux. Des voltigeurs, des frimeurs, des joueurs de poker. L'un d'eux, Pierre Garcin, en avait fait une manière d'être au monde. Il arrivait ainsi, les mains dans les poches, il prenait des notes sur un petit carnet et il résumait deux heures d'un cours d'histoire en quelques lignes. Tandis que nous nous enveloppions, malgré la douceur du climat niçois, dans des pèlerines ou des manteaux, il portait sur lui seulement une chemise et une veste à carreaux. Quand la température baissait, et en ces temps de guerre sept ou huit degrés au-dessus de zéro, c'était difficilement supportable, il était assez beau joueur pour continuer à grelotter et à ne pas se vêtir. Notre professeur lui fit observer qu'une langue aussi subtile que le latin méritait plus de prévenance : « mais oui, mon cher ami, les Romains ne sont pas les esprits étroits que l'on nous décrit, même Caton l'Ancien... Ils méritent mieux pour être entendus qu'un dictionnaire de poche ». Le professeur, le jour de la composition, délibera avant de savoir s'il était possible de composer dans de telles conditions. Cette miniaturisation, habituelle cependant dans les langues vivantes, le troublait, un peu comme si on eût voulu jouer voici trente ans avec une raquette à grand tamis ou comme si le ballon de foot dans un match officiel avait été réduit au volume d'une bille. Le maître délibéra longuement pour accroître l'handicap de mon ami. Au bout d'une heure, Garcin eut droit lui aussi à composer. Je l'aidais et il obtint, au désespoir de notre prof, une note convenable.

Je me livrais donc aux délices gratuits des dictionnaires de langues anciennes. Monsieur Bailly (d'Orléans) était un homme scrupuleux. Il nous annonçait ce que nous pouvions attendre de lui en ce qui concerne, les noms,les nominatifs, les génitifs, en ce qui concerne les verbes simples, le présent et s'il y avait lieu, l'aoriste, le parfait. Je découvrais des lettres à l'état pur: des voyelles, des consonnes, des diphtongues, des syllabes oubliées depuis que je lisais couramment, mais ce n'était pas seulement un recours à l'élémentaire, au seul plaisir des sons. Ces abréviations avaient un sens, elles caressaient mon esprit autant que mon oreille. Ainsi en latin, Cic. nat. de. 144, fam. verr. 4. 143. Cat. leg. mil. off. opt... Je notais machinalement leur fréquence. Elles me débarbouillaient de toutes les phrases convenues que j'entendais à longueur d'école et même de phrases plus sublimes mais plus composées. Je n'aimais pas outre mesure Cicéron mais ce Cic. associé à mil. ou à verr. me faisait frémir d'aise. Les télégraphistes, les porteurs de mort ou de bonheur étaient encore plus prolixes que monsieur Bailly ou monsieur Gaffiot. En outre, j'ai effectué une partie de ma scolarité pendant la guerre et je songeais aux messages de Radio-Londres. Cette armée de Londres, composée de Latins et de Grecs juristes, empereurs, historiens, élégiaques, bouffons, pédants ou évêques, me paraissait plus mystérieuse encore que celle des résistants. Je tendais la main au dernier d'entre eux qui, avec quelque effort avait du pénétrer dans notre Occident, ainsi Aug. (saint Augustin) ou Ambr. (saint Ambroise, évêque de Milan). J'aimais Lucrèce qui introduisait toujours une variante dans son usage des mots, ce qui provoquait le désespoir de la plupart de mes camarades qui n'épousaient pas mes lubies. Robur devenait Robor et à vrai dire les deux termes me paraissaient aussi étranges, barbares.

Le Bailly me faisait davantage rêver. Il comportait une autre écriture que la nôtre, plus tourmentée, plus fine et que je ne peux, hélas, ici reproduire. Chaque mot s'auréolait d'une majesté que je ne reconnaissais pas à ma langue. Ainsi Angelo : annoncer, oui mais ce que l'on annonçait, ce n'était pas le baptême prochain d'un neveu ou la livraison d'un survêtement commandé à la Redoute ou à la Camif. On n'usait d'un messager que pour produire, prédire la paix ou la guerre, une épidémie prochaine, les efforts couronnés de succés d'un usurpateur. Le message souvent arrivait d'une manière plus incontestable et plus immédiate à travers les rêves : grâce à ce recours à l'invisible, nul besoin d'un messager qui peut s'égarer ou comprendre de travers le sens de ce qu'il a à transmettre. Et dire que maintenant certains manigancent pour substituer le télétel à cette herméneutique rêveuse, jouissive.

J'avais acquis assez de flair pour m'attarder autour de certains mots en honneur auprès d'Homère ou des tragiques (Eschyle, pas du jeune Sophocle). Je subodorais que la langue classique n'était pas la plus sublime (malgré le miracle Thucydide, le miracle de sa brièveté essentielle). Je tombais sur le verbe aukeo : se glorifier, avoir la prétention, se pousser du col, non comme un journaliste qui se vante de quelques scoops sensationnels durant l'année mais comme un homme qui prétend escalader le ciel ou joindre par un pont l'Europe à l'Asie. Le défi insensé ne pouvait que soulever la colère des Dieux et la punition était proche. Elle atteindrait toute une famille qui n'y était pour rien. Je pressentais des gémissements, un cycle de violence, tout un tragique de la culpabilité et de l'innocence, même si je n'avais sous les yeux que ce verbe, qu'une phrase où il avait été employé et non point l'œuvre d'Eschyle superbement traduite par Mazon. J'aurais aimé me procurer quelques livres de la collection Budé à la couverture jaune, avec pour emblème une chouette mais il m'aurait fallu les voler puisqu'ils ne se vendaient pas d'occasion. Ainsi à partir de la racine akro, je trouvais « trop lourd à l'extrémité supérieure », « aller sur la pointe des pieds », « dont l'extrémité seule est mouillée », « lancer de loin », « au menton saillant », « incirconcis », « avec une pointe d'ivresse », « qui agit à la fin de la nuit », « dont les extrémités sont de pierre ». J'aurais aimé que les événements de ma vie ou que ceux du monde soient régis par de telles associations flexibles, sympathiques, poétiques et non par des déterminations sociales ou par le hasard. C'était cela qui me fascinait dans ce dictionnaire : on échappait à la bêtise du déterminisme et à l'aveuglement du hasard. On se laissait guider par l'amitié des mots entre eux.

Des livres moins innocents circulaient au milieu des manuels : des contes immoraux, des histoires lestes, des images graveleuses : vulgaires ou simplement suggestives. Leurs vendeurs devaient être vigilants. Un père pouvait accompagner son fils et provoquer un scandale. Un collégien pouvait s'en saisir et il serait difficile de le rattraper. En général, il s'agissait simplement d'ouvrages classiques qui n'avaient pas été expurgés. Ainsi un vendeur habile m'avait ouvert le *Candide* de Voltaire en cette page de la séduction où une prétendue marquise demande à Candide de dénouer ses jarretières. J'achetai l'ouvrage, je le cachai au milieu de livres plus respectables. En fait, je rencontrais une méditation sur les malheurs de l'homme et sur la nécessité d'accepter notre condition dans sa finitude. Ce qui était leste, ce n'était pas la légèreté de la scène évoquée, mais le ton, la rapidité de l'expression, l'art du croquis. J'étais conquis et dans mon élan, j'achetai l'*Henriade* du même auteur. Je fus déçu. Je ne comprenais pas que le même homme ait pu écrire un conte aussi nerveux et une tragédie aussi lourde et fastidieuse. On ne m'y reprendrait plus. Les auteurs, tout comme les hommes, étaient d'une inconstance regrettable. De cette première lecture, je tirai une leçon que je répétais à loisir quand on voulait m'embarquer dans des projets extravagants : « il faut cultiver notre jardin », à tel point que mes camarades m'appelaient le jardinier, ce qui était un comble lorsque l'on songe à mon indifférence à l'égard du monde végétal. *La Henriade* m'avait ennuyé et pourtant je n'en avais pas fini avec Voltaire. J'étais ému par certaines pages indignées de Rousseau, mais j'étais à nouveau conquis par une lettre de son adversaire. J'aurais pu jouir en toute tranquillité des émois de l'un et de la limpidité spirituelle de l'autre. Je voulais prendre parti ; je changeais de camp, selon les humeurs de ma vie. Puis je me mis à lire Claudel parce qu'il évoquait quelque part d'une manière injurieuse le nom de Voltaire. La traversée se révéla immense et c'est ainsi que j'oubliais pour un temps l'auteur de *Candide*.

Chaque ville imposait son rythme à cette foire aux livres. Celle de Villeneuve-sur-Lot ne ressemblait pas à celle de Nice. A Villeneuve, nous achetions, vendions, marchandions, troquions près de la halle aux légumes et aux bestiaux et parce qu'il existe une continuité des lieux et des manières d'être, nos trocs se produisaient d'une façon plus brutale et turbulente, dans une langue rude. Certains des petits vendeurs campaient sur place à même la bastide ou au bord du Lot. Ils déballaient une cuisse de canard, quelques tomates de leur jardin et pour s'amuser, ils donnaient en prime à leur acheteur quelques pruneaux ou un bout de leur belle tourte. Les filles rougies au soleil s'asseyaient sans façon au milieu des garçons. Elles avaient un langage hardi, des manières chahuteuses et leurs camarades niçoises paraissaient bien mijorées par rapport à elles. D'ailleurs, à Nice, les parents tenaient leurs filles à l'écart de cette foire où les ouvrages de Dekobra, de P. Margueritte, de Colette risquaient de contrarier les effets bénéfiques des œuvres de Paul Bourget ou de René Bazin.

Il est vrai que cette foire dégénérait parfois et qu'il s'y vendait toutes sortes de choses : des disques, des chambres à air, de l'alimentation, des tickets de pain, du petit matériel et pendant la guerre on y distribuait même des tracts hostiles à la collaboration. Nous nous enivrions de ce tohu-bohu. A Nice, des dames d'un certain âge dont les vacances prenaient fin, y vaquaient, cherchant à « lever » un garçon à leur convenance. Mes camarades rougissaient et leur premier mouvement était de se dérober, même si par la suite, ils suivaient leur initiatrice en dehors du périmètre consacré aux livres, jusqu'à un hôtel de la rue de France. Certains affirmaient qu'on les avait amenés au Ruhl, au Négresco, que la belle dame aux ongles de carmin les avait déshabillés dans une chambre située face à la mer, qu'elle les avait d'abord plongés dans l'eau d'une baignoire aux robinets en or. En juillet et en août, ils avaient souvent couru en vain après une fille de leur âge qui les agaçait mais qui ne se livrait pas et, alors que tout espoir de connaître l'amour semblait avoir disparu avec la fin des vacances, ils connaissaient l'exaltation d'un corps parfumé et riche. Les sens apaisés, la dame ouvrait un de leurs livres et récitait à voix haute un théorème ou un texte de Tite-Live. Elle y mettait de la passion, des sous-entendus comme si ce langage de la raison recouvrait un autre texte moins sage. L'enfant écoutait, au début un peu irrité : est-ce que la dame ne se moquait pas de lui, pourquoi ne demeurait-elle pas, romantique, allanguie, caressante, à ses côtés sur le lit ? Puis il s'attachait à ce jeu et plus tard en classe, il rêverait sur ces mêmes livres, il aurait à nouveau dans son esprit la chambre si vaste ouverte sur la Méditerranée, les yeux rieurs et graves.

Il était difficile, dans ces conditions, de s'attabler au travail comme nos parents nous le demandaient. Nous avions encore en nous le vertige, le chahut, la fatigue de la foire. Au fond, les livres ne vivaient que dans ce déballage chaleureux. Rangés dans nos corbeilles ou étalés sur un pupitre, ils se rigidifiaient et ils ne présentaient plus d'intérêt. Nos enseignants avaient pour première tâche inconsciente de nous dégriser. Je me souviens de l'un d'entre eux, un professeur de mathématiques particulièrement sévère et qui caracolait dès la première minute. Il ne nous demandait même pas d'inscrire nos noms, ce qui nous eût permis de respirer car il fallait trouver une feuille blanche, écrire le nom, ramasser les feuilles, les classer. En deux heures, il nous rappelait au pas de course les principes fondamentaux, les « bases » de l'année précédente. Il roulait sans pitié, sur des figures en forme de triangle ou de parallélépipède, nos corps encore voluptueux de la mer et des caresses de femmes mûrissantes. La plupart de nos maîtres, par chance, étaient aussi surpris que nous de se retrouver dans un établissement scolaire, avec un pantalon et non un short, avec une veste et une cravate et non une chemise entrouverte. Lors des premiers cours, en début d'après-midi, ils dodelinaient de la tête comme ils avaient l'habitude de le faire dans les siestes du mois d'août. La sonnerie de quinze heures nous réveillait les uns et les autres de ce demi-sommeil.

J'ai rencontré un professeur de latin-grec au Lycée Masséna plus attentif que d'autres à de tels changements atmosphériques. Il ne nous imposait pas un rythme de marche forcée. Il prenait le temps de nous considérer affectueusement. Il subodorait sur nos peaux les parfums d'un été plus sensible. Il osait nous dire : « laissez-moi vous respirer », et comme il avait du charme, nous ne trouvions pas ridicule cette phrase. Nous perdions peu à peu notre odeur de vacances et il cessait de nous regarder avec la gourmandise des premières semaines. Il nous pressait alors de « laisser respirer » certaines phrases de la langue grecque, en particulier les participes passés, les génitifs pluriels, les omegas. Il nous en priait avec un air insistant, suppliant et nous nous demandions toujours de quels embruns, de quels souffles venus de quels rivages ou de quelles poitrines, il avait la nostalgie. Nous vendrions nos livres et les élèves qui les achèteraient d'occasion n'auraient pas nécessairement ce même professeur. Quand ils liraient sur l'une des pages « laissez-le respirer », ils croiraient à un conseil pédagogique banal. Bien qu'ils fussent comme nous de petits Niçois, ils ne devineraient pas la supplique, ils ne pressentiraient pas ces entremêlements mystérieux d'une langue musicale et d'une mer devenue nostalgique en décembre.

FIGURES

Le narrateur

Je voudrais raconter comment j'ai été institué narrateur malgré moi. Malgré moi car j'avais en horreur les narrations ou plutôt j'estimais ce genre malaisé. J'enviais, dans les petites classes du secondaire, mes aînés qui avaient à remettre des dissertations. Avec un peu de roublardise, quelques idées (qui n'a pas d'idées!), une connaissance à peu près correcte de la grammaire, il était possible d'avoisiner la moyenne. Pour rédiger une bonne dissertation, il suffisait d'être un peu enjôleur, querelleur, ergoteur, avec une once de mauvaise foi (l'antique « disputatio »), chercher à établir des preuves, feindre d'épouser les arguments de l'adversaire avant de les réfuter souverainement. Etre sceptique (car on aurait pu inverser l'ordre de la thèse et de l'antithèse, trouver un troisième terme salvateur). Ainsi, sur un sujet comme : « doute et certitude », on en venait à évoquer le probable qui ne relève ni de l'un, ni de l'autre : eh oui, en l'absence d'une certitude totale et pour échapper au doute, il convenait de s'apercevoir que nous avions à exister héroïquement dans le probable, à nos risques et périls et n'était-ce pas d'ailleurs le cas d'une science qui rendait compte des phénomènes mais qui n'hésitait pas à réviser ses positions... Le matérialisme dialectique assurait le bonheur d'une partie de l'humanité, bientôt de la terre tout entière ; pour l'instant, dans nos classes de terminale, il permettait à nos dissertants de dépasser les contradictions de la thèse et de l'antithèse, par un saut dans la pratique qui réalisait les vœux et les vues partielles et contradictoires des deux camps opposés. En littérature, nous n'étions pas dans la nécessité de choisir. Zola accordait plus de génie créateur à Balzac qu'à Stendhal : qu'en pensez-vous, mes chers potaches ? Nous avions le droit de répondre que tous deux avaient, à leur manière, créé un univers et des personnages qui leur étaient propres.

La narration, c'était bien autre chose surtout lorsqu'elle s'attachait à décrire des paysages, des objets, des lieux, des visages. Par exemple, je me faisais fort de comparer l'automne chez Chateaubriand, Lamartine et pourquoi pas Vigny mais comment restituer avec les mots le flamboiement de l'automne tel que je l'apercevais dans les forêts pyrénéennes. Ecrire comme Françoise Sagan que « tout était roux », je n'aurais pas osé m'en tirer avec cette pirouette prétentieuse. Il aurait fallu que nous autres, pauvres enfants, nous réinventions le langage, qu'il eût autant de beauté dans nos phrases que dans le monde ; user d'une mimétique supérieure qui ne soit pas servile et qui fût pourtant docile à quelque chose qui existait à peine, comme lorsque c'était la vacance d'un après-midi d'octobre que les enfants de l'école de Saint-Pierre-de-Caubel troublaient à peine de leurs cris en rentrant chez eux. Reproduire, produire cet espace illimité, cette offrande silencieuse de la terre, ils étaient fous de nous demander l'impossible, l'improbable, de nouer nos gorges par l'outrance de leurs exigences.

En général, j'avais remarqué que même les plus grands se défilaient. Ils s'attardaient sur leurs états d'âme, sur le tumulte de leur cœur ; ils étaient interminables quand ils parlaient de leurs passions mais beaucoup plus laconiques quand ils avaient à faire la pige aux choses. Plus tard, je m'aperçus que les commodités augmentaient encore avec les sciences humaines : non pas réécrire la mouvance, les tourbillons, les grumeaux de la foule mais combiner entre eux quelques concepts analytiques comme ceux d'identification, de dissolution du moi ou d'instinct grégaire.

Les maîtres des petites classes feignaient l'émerveillement devant telle ou telle trouvaille de nos rédactions alors que nous avions honte d'avoir remis des textes qui abîmaient l'apparaître des choses. Les adultes voulaient à tout prix que nous jouiions les bêtas, que nous multipliions les comparaisons naïves, les phrases gauches mais tellement pures et spontanées ! Pour un peu, il eût fallu que nous fassions à nouveau dans nos culottes. Nous suppliions nos maîtres en vain de nous donner à rédiger des dissertations. L'ordre pédagogique, et nul ne trouvait à y redire, voulait que l'on commençât par le plus difficile, par cela même que seuls quelques journalistes ou quelques écrivains avaient réussi de-ci, de-là. Je leur trouvais cependant, après coup, l'excuse suivante. Dans notre vie, nous aurions à raconter ce que nous avions entrepris pendant la journée, par gentillesse à l'égard de celui ou celle qui nous avait attendu ou encore parce qu'il fallait meubler le vide de la conversation. Nous serions, quoi que nous fassions (à moins d'avoir le courage de nous taire et de passer pour des ours mal léchés) condamnés à vie, aux travaux forcés de la narration : histoires de voisins, de bureau, de chasse, d'amour, histoires de vacances, de vols, de camping, de montagne, de mer. Nous vivrions peut-être dans l'exil et nous aurions alors à raconter notre triste condition dans un camp de prisonniers ou dans un lieu de travail lointain. Autant nous préparer au sort qui nous attendait et biffer les trop nombreux « et puis, et puis ». Mais quel était le nombre des maîtres qui justifiaient cet exercice de la rédaction en vertu de ce constat réaliste et pessimiste! Quant aux professeurs actuels, je les vois afficher sur les murs de leurs classes des rédactions « guirlandes », des rédactions-brassières ou tutus de danse, des rédactions merveilleuses issues d'un regard naïf d'enfant.

Je préférais une autre expression dont on usait encore à cette époque. On parlait de nos devoirs de français. Quelle magnifique expression et comme j'aimais ce qu'elle possédait d'indéterminé ! Ce mot de français redevenu fluide, à la fois troublant et simple, me plaisait. Il avait la limpidité des fables de La Fontaine, la qualité musicale de ses vers, la transparence des eaux dont le fabuliste nous parlait parfois. Alors nous savions et nous ne savions plus ce que c'est qu'être français: une proximité et une étrangeté. Nous redonnions spontanément un sens moral à ce nom de devoir: une exigence en une époque qui se voulait héroïque ou du moins purifiée. Nous ne songions pas à l'appel du 18 juin qui ne nous était pas encore parvenu mais aux paroles du Maréchal Pétain le 25 décembre 1940 et encore au message à la jeunesse de France. Curieuse époque où, le jour de Noël, dans le plus grand dénuement, le plus grand isolement, un message parvenait dans nos foyers. Je crois que la grande nuit de l'occupation, le vide de son espace, la rareté de nos informations donnaient à ces phrases une coloration étrange: comme une fulguration qui nous stupéfiait au milieu de ces ténèbres où nous serions plongés pendant quatre ans. Le Maréchal écrivait: « comprenez bien, mes jeunes amis, que cet individualisme dont nous avons failli périr... », « l'effort porte en lui-même sa récompense morale, avant de se traduire par un projet matériel. Sa concrétisation arrive tôt ou tard ».

Le ton était celui de nos livres de classe, avec des antithèses, des chiasmes, des formules frappées en coin comme des médailles. C'étaient des sortes de proverbes, des leçons de choses, des propos que les cultivateurs et les secrétaires de mairie d'un village pouvaient entendre : des dictées parfaites qui méritaient dix sur dix. Davantage, c'étaient des messages. Ce mot n'avait pas encore été galvaudé et chipé par les écrivains aux télégraphistes. Il évoquait les dernières paroles que deux chefs d'armée ou deux rois se font porter l'un à l'autre avant d'en découdre. Il avait la célérité des flèches que les archers scythes décochaient. Je n'ignore pas que ce moralisme nous irrite maintenant. Je demande au lecteur de remonter le temps, de sympathiser avec le cœur d'un enfant sous l'occupation, de comprendre à quel point la nudité d'un certain langage pouvait le fasciner. Mais la conséquence inattendue de tels messages était à peu près la suivante. Seul le Maréchal était capable d'écrire (et de fixer) des devoirs de Français. A nous de nous livrer à d'autres tâches comme le calcul, la géographie, la grammaire ou comme d'aider nos parents à couper du bois et à rentrer les vaches. Mais je n'ai pas encore relaté à la suite de quelles circonstances on me consacra de toute force narrateur de ma classe, moi qui tenais la narration pour une tâche pénible et quasi abominable.

Etais-je un chiffonnier dans l'âme, un ramasseur de papiers comme d'autres harponnent et ramassent le cuivre ou les cerises ou les vieux vêtements ? Je serais tenté de le croire puisque je me suis mis à recueillir une matière encore moins précieuse, cette fois gribouillée, mâchonnée, par des camarades de ma classe et non point par des notaires ou des médecins. A la fin des cours, selon ma fantaisie, je vidais la corbeille de la classe dans un sac que ma mère m'avait confectionné pour y mettre mes affaires de gymnastique mais que j'avais détourné de son premier usage. En effet, mon cartable n'eût pas suffi à collecter ma cueillette et, dans le désordre, j'aurais risqué de « rendre » à mon prof de lettres, non point la dissertation qui lui était destinée, mais un vieux et médiocre devoir de mathématiques abandonné par un camarade. Mes amis avaient d'abord été étonnés. Il existait dans nos rues des piarots qui ramassaient des chiffons mais nous n'avions pas comme maintenant la manie de sanctifier, de béatifier, de sauvegarder toutes sortes de détritus. Cependant, ils avaient à mon égard beaucoup de tolérance. Ils me qualifiaient d'« original », un adjectif que l'on réservait d'habitude à de vieux garçons célibataires qui, peu à peu, dans la solitude, avaient pris le large par rapport à leur société.

Chaque matin, je regagnais ma place, je posais sagement mon cartable et mon balluchon encore vide à mes pieds. Les professeurs n'étaient pas au courant de mon trafic. Seul, un garçon de salle, scrupuleux comme on ne l'est plus, m'avait exprimé son désaccord. Il pensait que je touchais au bien public. J'avoue, après coup, que sa position me paraît défendable. De toute évidence, les bancs, les pupitres, les cartes de géographie, les quelques instruments de notre laboratoire appartenaient à l'Etat, mais ne fallait-il pas y inclure ce que nous déposions dans l'établissement : nos pensées, nos peines et les papiers que nous avions barbouillés, un peu comme le crottin du cheval appartient soit au propriétaire du chemin sur lequel il vient de passer, soit au propriétaire de l'animal, mais non point à un quelconque quidam. Ce garçon de salle n'était pas seulement un serviteur zélé de l'Etat, un juriste méconnu. Il avait des goûts artistiques et j'acquis sa complicité en lui donnant quelques-uns de mes plus beaux crayons de couleur.

Je ne ramassais pas systématiquement toutes les corbeilles. La pièce du fond désaffectée de notre maison n'eût pas suffi à conserver le patrimoine scriptural de ma classe. Cependant, j'ai rêvé quelquefois à une recollection aussi totale et j'ai été saisi d'effroi : je nageais dans des masses de papiers, au risque d'être asphyxsié ; surtout je me trouvais devant une tâche infinie pour sérier, classer, analyser ; à treize ans, je succombais à la fatigue comme un érudit, comme un vieil érudit de la Nationale, la peau parcheminé (par contamination), les yeux usés et j'avais en mémoire un beau texte de Michelet rappelant qu'il avait échangé sa vie contre celle de la France, se levant tôt l'hiver, prolongeant très tard les veillées. Mais il s'agissait de la France, du Peuple et de tous ceux qui exigeaient en vain d'être ressuscités. Ma classe ne valait pas un tel sacrifice. J'avais autre chose à faire, je voulais aussi braconner, grappiller, m'enfouir dans le Lot-et-Garonne, le découvrir autre à chaque saison, languir auprès d'une belle, belle donc indifférente, me parfaire dans la connaissance de cette langue grecque qui me paraissait si musicale. Je m'en remettais donc à mon humeur. Mes camarades étaient maintenant étonnés et presque vexés quand je ne me livrais pas à ma collecte : « quoi, nous n'avons pas été aujourd'hui intéressants. Bientôt, il faudra te livrer à domicile du Victor Hugo ! ». Je leur répondais qu'il faut ménager une place au hasard, que j'avais bien le droit de suivre mon inspiration, que je n'avais pas encore classé les papiers de la vieille, que, ce soir, mon père avait besoin de moi, que j'avais rencontré sur le chemin de l'école une charmante collégienne et que j'aurais honte de lui tenir compagnie avec mon balluchon de cheminot. Je ne mettais pas l'accent sur le motif le plus fort qui leur eût paru une forme d'orgueil : il fallait que je sente en moi la nécessité de recueillir le contenu de la corbeille. J'étais comme un sourcier. Quand un démon intérieur ne guidait pas mes mains, c'était signe que l'eau était tarie ou qu'elle était polluée.

Classer, c'est trop dire. J'étais déjà content de savoir distinguer les papiers de mes camarades de ceux d'une autre classe. Je m'étais laissé souvent abuser ; puis j'étais devenu, je pense, infaillible. Je ne me fiais pas à des données positives qui eussent facilité ma tâche mais qui, du même coup, auraient amoindri le rôle de mon intuition, des signes comme la nature de l'exercice qui nous avait été donné ou comme la matière que l'on nous avait enseignée. Les copies de mes camarades n'avaient pas la même odeur que celles des autres classes et j'étais fier d'avoir acquis un discernement intuitif que possèdent seulement quelques êtres comme les rebouteux et les saints, ces derniers distinguant à coup sûr le bien du mal, ce qui n'est pas chose facile. Mes condisciples doutaient de mon pouvoir. Car, pour eux, si l'on ne considérait pas la qualité et les résultats d'un travail, toutes les copies se ressemblaient. Ils avaient l'impression de « pisser » des copies, signifiant par là une incontinence regrettable, un flux verbal, scriptural qu'on ne peut plus arrêter dès la rentrée du premier octobre et l'inflation bureaucratique les eût confortés dans ce sentiment d'une production ininterrompue, interchangeable, régie par l'équivalence généralisée des signes et des mots. Ils me mirent à l'épreuve, en me cachant tout ce qui, dans la copie, aurait pu m'en signaler l'auteur par la voie des indices et du raisonnement. Je me trouvais dans la situation de ces nobles messieurs à qui l'on bande les yeux et qui doivent reconnaître la qualité et l'année d'un cru, à cette différence près que versions latines et exercices d'algèbre n'avaient pas toujours la saveur d'un Mouton-Rotschild ou d'un Nuits-Saint-Georges. Je tombais juste. Je triomphais. J'en étais venu à pouvoir distinguer non seulement si la copie appartenait à notre classe mais quelle était l'identité de son auteur. En tout honnêteté, je ne me fiais pas à l'écriture, à quelques tics qui eussent guider mon intuition ; cette dernière devait être le fruit de cette extraordinaire sympathie que j'éprouvais pour le papier écrit, pour l'encre dont on l'avait recouvert, pour la métamorphose qu'on lui avait fait subir.

De là des conséquences qui eurent quelques résonances dans la paix de notre collège de Villeneuve-sur-Lot. En ce qui me concerne, je percevais ma classe comme un Tout, presque comme une entité mystique. Une telle assomption était possible parce que nous vivions unis, que nos disputes ne dégénéraient jamais, que nous ne persécutions pas l'un d'entre nous comme notre Tête de Turc et qu'en revanche nous n'idolâtrions pas les meilleurs. Encore fallait-il passer d'un groupe amical, bienveillant à la perception d'une totalité organique, inaltérable. L'odeur de la classe, de ma quatrième deux, puis de ma troisième deux, comme il a pu exister une odeur de la France, de la prairie normande, de l'encens, des alpages en Haute-Savoie, au moment de la fenaison. Ma mémoire vacille maintenant ou, plutôt, il me semble que les senteurs étaient multiples, qu'elles variaient avec mon humeur, mes désirs. Tantôt l'odeur de cette classe, tantôt l'odeur de ce collège tout entier que j'associe au Lot dont il était le riverain, tantôt celle du Lot-et-Garonne, tantôt celle de l'univers scolaire que j'assimilais à une république et à une avant-guerre que j'avais à peine traversée. Il me plaisait de jouer de tous ces registres qui ne menaçaient pas mon identité, d'être plutôt l'élève d'une classe hors de laquelle il n'y avait pas de salut ou plutôt le paysan du Lot-et-Garonne ou d'être le membre d'une république éclairée et soucieuse d'apprendre.

En ce qui concerne mes camarades, j'avais acquis auprès d'eux une notoriété certaine. Désormais, ils regardaient avec quelque dédain les trieuses de cartes, les jongleurs, les illusionnistes, tous ceux qui extirpaient à volonté de leurs manches un pigeon ou un serpent à lunettes. En même temps, je les inquiétais. Ils redoutaient mon don de voyance, que je pénètre dans leur vie secrète, que j'aperçoive en eux des vices solitaires qu'ils cachaient à tous. Je leur expliquais, et c'était la vérité, que je les distinguais seulement les uns des autres. Je ne m'égarais pas pour autant dans leur intimité ; je n'en savais pas plus sur leur caractère ou leur passé que mes autres camarades.

Mes parents eurent vent de cette manie — et comment auraient-ils pu en être ignorants puisque je revenais presque chaque jour avec ma hotte de papiers. Je leur avais d'ailleurs demandé de ne pas en user pour allumer le feu ; ils comprirent la ferveur de mon vœu et ils ne cédèrent jamais à la tentation de toucher à mon énorme tri même lorsque le papier journal, assez rare en cette époque, leur manquait. Ils avaient cependant peur que je relâche mon attention. Mes résultats demeurant les mêmes, ils acceptèrent ma lubie qui n'était pas la première. Quelques années auparavant, j'avais collectionné des cailloux que je disposais en différents ensembles : ensemble mots — ensemble chiffres — ensemble des vivants — ensemble des pièces d'argent, mon grand désespoir étant que je n'arrivais pas à distinguer les cailloux de l'ensemble caillou des autres cailloux qui figuraient symboliquement une autre réalité. Je me livrais alors à des assemblages autrement compliqués que ce recensement de feuilles usagées. J'avais donc la paix du côté de mes parents.

Je m'adonnais ainsi à une double collecte et dans les maisons des particuliers et dans ma classe. Quelques camarades, comme Goudeneige, Decourty, Savignac, Tulasne, pensèrent que je me livrais à un travail de romancier. Je recueillais des documents pour restituer ce que nous vivions ensemble en classe ou ce que leurs parents vivaient. Cette idée leur était venue naturellement à l'esprit car chaque petite ville possédait un homme d'un certain âge (plutôt célibataire) qui retranscrivait le passé et le présent de la communauté. Quand un tel homme n'existait pas, un curé, un secrétaire de mairie, une bibliothèque constituaient une sorte de mémoire vivante. Tel n'était pas mon projet. J'aimais froisser ces papiers. Je tenais à ce qu'ils demeurent des matériaux dénués de signification, des sortes d'empreintes et quand je les interprétais, c'était pour instituer des bribes d'existence qui me permettaient de rêver tout le reste, c'est-à-dire ce que précisément ces notables ne vivaient pas. Mes camarades m'appelaient « le poète », puis ce fut « le romancier » et enfin « ils brûlaient », comme on aurait dit dans nos parties de colin-maillard, ils me nommèrent « le narrateur ». Non, je n'étais pas un romancier, je n'étais pas là pour imaginer dans le vraisemblable tout ce que je ne savais pas et pour nourrir mon inspiration sur leur dos au détriment des aliments qu'ils me fournissaient. J'avais à restituer avec la plus grande fidélité, et même avec une certaine sécheresse qui est la garante de l'exactitude, leurs menus faits ainsi que ceux de leurs parents. Comme il arrive souvent en pareil cas, ils m'imposèrent un rôle qu'ils me prêtaient et que je n'avais pas choisi.

Du même coup, tout changeait. Ils étaient soumis à un observateur. Ce qu'ils entreprenaient à la va-vite ne s'abolirait pas mais se conserverait dans la mémoire et l'écriture de l'un d'entre eux. Ils perdirent en spontanéité. Au moment où ils voulaient que je redessine minutieusement leur existence, ils la trahissaient dans l'hyperbole, avec une exagération dans les rires, les pleurs, les gestes de pitié, les bons mots qui se voulaient piquants et spirituels. Comme de mauvais acteurs, ils soulignaient un trait de leur conduite ou de leur caractère de peur que, distrait, perdu dans mes propres rêves, je ne les perçoive pas. Quand ils avaient conscience d'en avoir trop fait, ils recommençaient, ils s'épuisaient à trouver la tonalité exacte, le geste qui était le leur, avant qu'ils ne m'instituent narrateur de leur existence.

Leurs parents qui, eux, continuaient à vivre comme de bons paysans, instituteurs ou notaires, appréhendaient chez leurs enfants un changement dont ils ne connaissaient pas la cause. J'avais été invité par la fille du docteur de Monclar-d'Agenais dont l'épouse entretenait la maison avec beaucoup de soins. Il fallait donc aux yeux de Laetitia que je pénètre dans une quasi-nature morte hollandaise et que, le soir même, je couche mes impressions sur le cahier imaginaire qu'elle me prêtait. Laetitia avait peur que l'intérieur ne soit pas assez impeccable. Elle cirait à nouveau une vieille armoire qui déjà reluisait et dans laquelle j'aurais pu fort bien me mirer. Elle cherchait la tache qui, sans doute, n'avait pas été essuyée et qui risquait de nuire à la netteté de l'ensemble. Sa mère n'y comprenait rien car sa fille, sans être une tête en l'air, ne s'occupait pas outre mesure du ménage. Pourquoi cette ferveur et cette inquiétude ? Qui allait-on donc recevoir ? Le fils du préfet, un jeune noir dont le père était ministre, un représentant du gouvernement de Vichy ou encore le fils d'un lord parachuté en Gascogne pour aider la résistance ? Madame X n'en crut pas ses yeux quand elle me vit sonner à sa porte. Quoi, ce n'était que le petit Sansot dont on ne nettoyait pas souvent les vêtements et qui n'était pas très soigneux de sa personne. « Eh bien Pierre, on peut dire qu'on ne ménage pas sa peine pour vous ». Une fois la visite terminée et après avoir failli glisser sur un parquet lui aussi ciré avec trop d'ardeur, la mère prit à partie mon amie. « Dis-le, dis-le donc, tu es amoureuse de lui. Te rends-tu compte que vous avez à peine quatorze ans et qu'il n'aura pas de situation avant vingt-deux ou vingt-quatre ans et qu'il devra ensuite faire son service militaire. En outre, Laetitia, tu es loin d'être laide et je me fais fort de te trouver un prétendant plus avantageux que ce Pierre Sansot ».

Mon destin dont je n'ai jamais été très souvent le maître (j'attends que les événements décident pour moi, sachant que n'importe quoi ne peut pas m'arriver) m'échappait de plus en plus. On m'avait institué narrateur d'une chronique qui m'intéressait médiocrement et que je n'avais jamais entreprise. Et maintenant on me voulait soupirant d'une jeune fille qui n'était pour moi qu'une camarade.

De toute manière, mes camarades et aussi leurs parents en faisaient trop ou pas assez. Trop : ils prolongeaient indûment un sourire, un éclat de rire et je fus étonné de la perception confuse et sûre que les mères ont de leur enfant. Car il arrivait que le sourire demeure à peine un peu plus ou qu'il soit à peine plus épanoui pour que la mère, dans sa science infuse, perçoive ce qu'il avait d'inhabituel. Quand les parents avaient été avertis de ma vocation ou de ma mission (car il y avait deux écoles et deux interprétations sur mon rôle), ils ne savaient plus jouer juste, même quand ils exécutaient un geste mille fois répété comme de s'enfoncer dans leur fauteuil, après être passé au salon. Je percevais, et je n'étais pas le seul à le sentir, comme une hésitation dans leurs reins et leurs fesses. On aurait pu croire à considérer la gravité de leurs visages qu'ils allaient sauter à mille mètres au-dessus du sol avec un parachute dont ils connaissaient mal le maniement. J'avais envie, n'était le respect que l'on portait alors aux personnes d'un certain âge, de leur souffler « n'ayez pas peur. Laissez aller vos fesses. Le coussin rembourré d'un fauteuil de cuir vous attend à vingt centimètres. Ne faites pas cette tête. Vous ne risquez rien ». La domestique de la famille de mon camarade Ancel, dont le père était notaire à Monflanquin, servait de la chartreuse à la maîtresse de maison. Celle-ci ne savait plus de quelle manière elle devait faire tinter son glaçon contre les rebords de son verre. Elle s'y prit avec trop de timidité. Le son habituel ne retentit point. Pour se rattraper, elle agita son verre avec trop de force et sa main ne s'arrêtait plus de cogner le glaçon contre le verre, à tel point que son mari interrompit un discours qui s'avérait devoir être long sur ce que l'on pouvait attendre de la « relève » et des intentions du président Laval.

Je ne pouvais pas parler de tout le monde. Mes copains pensaient que leurs excentricités leur vaudraient un traitement de faveur. A les entendre, ils avaient tous dans leur famille un oncle homosexuel, un voisin alcoolique qui ne s'était pas remis des colonies et du paludisme, des parents dont les scènes de ménage épouvantaient tout le voisinage, une bonne olé-olé qui mettait carrément la main sur le sexe des petits camarades venus en visite, une sœur romantique qui se laissait languir d'ennui en ne mangeant plus, des métayers espagnols qui dévoraient tout crus les rats de leur grenier pris à un piège. J'avais pensé que le Lot-et-Garonne était un pays de la mesure, avec quelques coups de folie et de cœur et aussi quelques coup bas, mais tout juste comme il en existe dans toutes les autres régions de France. A écouter mes camarades, c'était une terre de feu, de sang, d'inceste, de mystère, de familles grotesques ou cannibales. J'avais dû fouiller avec trop de discrétion les corbeilles à papier qu'il m'avait été donné de dépouiller et puis, comme je le répéterai souvent, ce qui m'intéressait, ce n'était pas l'anecdote, l'envers du décor (pour cela, il me suffisait de lire avec délice les romans de Mauriac), mais des papiers imprégnés d'humanité.

Très vite, je ne fus pas dupe de ce que mes camarades m'avaient raconté. Il me fallait à l'avenir être vigilant puisque les pages de ma chronique étaient comptées. L'oncle homosexuel avait seulement un peu plus de goût que mon entourage, il portait avec négligence des foulards autour du cou, il s'habillait avec des couleurs vives : oui, évidemment, il soignait les doigts de ses mains et il devait avoir recours à des onguents pour conserver du lustre à sa peau, mais n'était-ce pas seulement chez lui le refus de vieillir ? Je m'arrangeais pour rencontrer la bonne olé-olé dans un couloir, pour la heurter ; elle n'eut aucun geste déplacé ; loin de là, comme je l'avais frôlé longuement au risque de la faire tomber, elle s'excusa quand elle eut retrouvé son équilibre. Le colonial parlait avec nostalgie de l'Afrique, à voix basse : j'avais, sans doute, raté sa crise de paludisme. Quant aux parents terribles, je compris que lui était plutôt collaborateur et qu'elle était plutôt gaulliste, mais ils partageaient la même peur du communisme et ils espéraient, mon Dieu, que tout cela s'arrangerait. Mes camarades essayaient en vain de donner un coup de pouce à la mise en scène, ainsi ils auraient voulu, par leurs paroles, exciter l'emphase du colonial, susciter son délire. Jean Liénard, le plus malin d'entre nous, y mettait tout son art qui était grand. Les comptoirs, les nuits peuplées des feulements des bêtes sauvages, les pluies diluviennes, les négresses aux seins énormes, grâce à ces mots-phares, le vieil oncle en disait un peu plus mais il ne nous conviait pas pour autant à un grandiose délire d'images, de phrases qui auraient illuminé nos nuits lot-et-garonnaises. Mon copain Decourty avait dû supplier sa bonne pour qu'elle joue les délurées, les affamées de chair adolescente mais elle avait trop de religion et de respect à son propre égard pour mimer une fringale qui ne la tenaillait pas.

Chers truqueurs ! chers menteurs ! ils transgressaient les lois que nous nous étions fixées et qui visaient à restituer nos travaux et nos jours, sans faux-semblant, sans enluminure, mais je comprenais leur désir d'affabuler, d'embellir la réalité de tous les jours. Ils auraient aimé que leur existence soit digne de ma plume, ils craignaient de rendre ma tâche trop difficile en me fournissant des matériaux grisâtres, en quelque sorte vulgaires. C'est pourquoi leurs ruses me faisaient sourire et je leur disais en riant : « c'est vous qui avez l'étoffe de romanciers et qui voulez multiplier les possibles de notre univers. Le mien est singulier, il n'a pas de double, il ne comporte pas de surréalité et il me suffit. D'ailleurs, vous le savez bien, ce qui me passionne, ce sont les papiers eux-mêmes ». Ils connaissaient ma rengaine, même s'ils n'en comprenaient pas les raisons et le sens : « ah oui, Sansot, avec tes papiers… »

D'autres aussi, ai-je écrit, en faisaient trop peu, ils étaient si scrupuleux qu'ils craignaient d'ajouter quelque chose qui n'appartenait pas à leur cadre habituel. Ils redoutaient le moindre fard, les reliefs, les temps forts, les émotions trop vives, les mots trop crus ou trop colorés. Ainsi mon ami Bertrand m'avait invité à Fontgrave un dimanche. La matinée s'était bien passée ; la messe était belle et Madame Bertrand avait une jolie voix. Le repas fut bon mais je l'espérais plus succulent : je savais Madame Bertrand excellente cuisinière et la fermière la ravitaillait en produits de qualité. J'allais assister à l'après-midi d'un dimanche ordinaire comme d'autres se rendent à la Scala de Milan. Pas de télévision à cette époque et il ne paraissait pas convenable de lire un ouvrage. Les convives demeuraient dans leurs fauteuils, ils échangeaient quelques banalités puisqu'il était interdit de parler de cette guerre qui ravageait le monde et pourtant, en 42, les forces en présence en étaient arrivées à un point d'extrême équilibre : l'un ou l'autre des lutteurs desserrerait l'étreinte et il serait vite mis knock-out. Ce fut un vide insupportable. Comme la torpeur du repas s'était peu à peu dissipée, j'étais assez lucide pour compter les minutes et même les secondes. Les autres convives semblaient côtoyer ce néant sans désagrément. Je n'avais pas comme eux le pouvoir de ne pas penser, de ne pas agir. Je regardais à travers les persiennes du salon le jeu des ombres et du soleil, je n'ai pourtant jamais su inventer un monde avec ces formes évanescentes. Madame Bertrand eût été agréable à contempler, mais, je ne sais pour quelle raison, elle avait pris congé de nous. Je la savais trop sage pour avoir une aventure et je ne la rêvais donc pas dans les bras d'un amant fougueux, ce qui m'eût distrait. Il me fut permis de quitter la demeure aux alentours de dix-neuf heures.

Le lendemain, Maurice Bertrand vint à ma rencontre, tout plein d'enthousiasme : « tu vois, Pierre, c'est exactement ainsi que cela se passe le dimanche après-midi ». Il était aux anges d'avoir réussi sa composition, d'avoir livré à un regard étranger, celui du narrateur, ce qui se vivait dans la totale immédiateté. De mon côté, je ne participais pas à sa joie, loin de là. D'accord, j'avais accepté d'être le narrateur, mais ce n'était pas pour subir l'ennui, la nullité d'autres existences, pour assumer des durées inconsistantes, pour me laisser asphyxier par le rien.

J'aurais pu tout simplement prendre mon vélo, retrouver la jeunesse de mes chemins habituels, de mes jambes, regarder le Lot comme s'il était un inconnu ou prendre un livre et l'ouvrir à la lisière d'une forêt, continuer à le parcourir malgré la beauté du monde. Ou encore, et cette hypothèse n'était pas invraisemblabe, rencontrer sur mon chemin une camarade de collège en train de pédaler. Nous aurions fait la course. Je lui aurais laissé un peu d'avance et elle aurait sans doute gagné car mes amies avaient de bons mollets, elles aidaient leurs parents à dépiquer, à monter le blé sur la batteuse ; et le soleil, la transpiration, l'effort ne leur faisaient pas peur. Nous aurions esquissé une manière de lutte et, là encore, je n'aurais sans doute pas eu le dessus. Elle aurait compté jusqu'à dix, moi nullement vexé parce que je trouvais normal qu'une fille soit aussi robuste qu'un garçon : « — Alors les Niçois, ce sont des mauviettes... Tu le raconteras dans ton livre que je t'ai culbuté et fait toucher la poussière. — Mais non, Marie, tu sais bien que je n'écris pas un ouvrage. Je m'intéresse aux papiers. — C'est la meilleure ! répète-le que tu ne t'intéresses qu'aux papiers ». Elle aurait posé vite un baiser sur mes deux joues et elle serait repartie vive comme l'alouette, me disant « bonsoir » du haut de son vélo. Disparaissant dans l'odeur des champs de tabac, elle aurait crié : « Pense à réviser notre composition d'histoire de mardi. J'aurais besoin de tes tuyaux et tu auras ta récompense ». Au lieu de cela, ils m'assignaient le rôle d'un Chatterton ennuyé, d'un huissier pour fauteuils protégés par des housses. Ils exigeaient que je perde mon temps pour que, nouveau Proust, je le retrouve. J'en avais ma claque et je le dis à mes camarades. Alors l'un d'entre eux m'interpella : « Mais, Pierre, sans toi, nous n'existons plus ». Je ne décelais pas d'ironie dans sa remarque et ses copains avaient l'air franchement ennuyé, voire attristé. Je ressentis l'ivresse qu'un homme doit éprouver quand il entend cette même phrase de la bouche « de la femme de sa vie ». Je sais bien que de tels propos et que cet incident doivent paraître ridicules au lecteur. D'abord parce que c'est là un langage émotionnel que l'on n'ose plus employer en une période qui a déplacé la pudeur au niveau des sentiments. Ensuite, il semble hors de propos de comparer une classe à une femme, mes relations à ma classe et l'union quasi mystique du corps du roi et du corps de son peuple. Pour entendre et admettre, sans rire, cet échange profond, il faudrait que le lecteur ait vécu de concert tous ces mois au cours desquels un groupe d'élèves croyait trouver sa vérité et son existence dans le regard et la relation supposée d'un de ses témoins privilégiés.

Je continuais donc à être le Narrateur sans avoir beaucoup d'illusions sur mon rôle. Les gestes les plus simples, je l'ai écrit, avaient de la peine à être justes. Par exemple, se mettre en rang et entrer dans la salle de cours — sur le mode de la représentation — devenait un enchaînement qui pour réussir exigeait l'accord des dieux et une chance extraordinaire. Mais non, remarquaient mes camarades, avant (avant l'institution du Narrateur), nous entrions plus lentement ou encore d'une manière plus désordonnée. Mais alors, à la seconde répétition, les grappes d'élèves se présentaient d'une manière trop chaotique. Mes condisciples s'y reprenaient à deux ou trois fois avant d'entrer. Le professeur de physique de cette année-là, surnommé le bœuf parce qu'il avait une carrure solide et un front puissant, n'y comprenait rien. S'il s'était agi de chahut, il aurait donné une signification à cette fronde. Nos résultats qui étaient convenables l'assuraient que nous n'étions pas devenus fous. Il mettait cette attitude sur le compte du zèle. Nous cherchions à trop bien faire et, avec sagesse et parce qu'il avait lu Alain, il nous disait qu'à chercher le mieux on versait dans le médiocre, qu'il ne faut pas froncer les sourcils si l'on désire être visité par l'attention.

J'entrai en seconde et au bout d'un mois je cessais de farfouiller dans les corbeilles à papier à la suite d'un incident que je ne pouvais pas prévoir. Certes, notre classe avait éclaté, elle avait perdu certains élèves trop faibles dans les matières scientifiques mais cette seule modification n'aurait pas pu me dissuader de poursuivre ma tâche : au contraire, elle me déchargeait de ce rôle de narrateur qu'on m'avait assigné à tort. Je revenais à mes premières cueillettes naïves quand je plongeais à pleines mains dans les corbeilles pour le seul plaisir de froisser du papier et de l'emporter chez moi. Mais le bureau du censeur fut cambriolé : les visiteurs avaient éparpillé les dossiers et ils avaient maculé ceux qu'ils n'avaient pas emportés avec eux. Je ne crois pas que l'on m'ait soupçonné. Ma passion n'aurait pas pu me conduire à un tel acte et je n'avais jamais manifesté d'intérêt pour les papiers administratifs : des feuilles qui n'avaient pas été froissées et meurtries (mais le savait-on en haut lieu ?) me paraissaient des feuilles mortes, seulement le papier, à la suite de cet incident, devenait une matière précieuse, convoitée, dont il fallait régler les flux, surveiller les entrées et les sorties comme le blé ou l'or ou le pétrole en d'autres circonstances. En vertu d'un nouveau réglement intérieur, il fut jusqu'à nouvel ordre interdit à un élève de toucher aux corbeilles. Certains de mes camarades, spontanément, m'offrirent de me livrer les brouillons, les copies corrigées, les lettres d'amour ou d'amitié qui me conviendraient. Je refusais. Le purgatoire de la corbeille à papiers m'apparaissait comme une médiation indispensable. Un papier ne devait pas, dans un échange direct, aller de son ancien propriétaire à moi-même, il se devait de se mêler à d'autres, de risquer la disparition avant d'advenir dans mes mains.

A l'occasion de cet incident, mon père crut bon de me consoler et de canaliser à bon escient cette étrange manie. Puisque je me plaisais dans le tri et le farfouillage des papiers, pourquoi ne pas déplacer mon intérêt dans une meilleure direction : entendez dans un domaine plus intellectuel et susceptible de me procurer une situation. Les grands textes n'avaient-ils pas suscité des commentaires qui étaient comme des pelures, des strates. A mon tour de m'y retrouver et d'y exercer mon talent de géologue. Je fis « non » d'un signe de tête. J'avais en effet le pressentiment qu'un texte dans sa beauté conserve sa vigueur première, qu'il ne s'est pas laissé enduire d'autres textes parasites, qu'il vient nous frapper dans sa présence perpétuée ou que, s'il y a eu déformation, cela s'appelle transfiguration du moment qu'il nous touche comme il est devenu. Si mon père avait été plus cultivé, il m'aurait soufflé que quelques lignes célèbres d'Aristote avaient suscité des commentaires qui tenaient à peine dans une vaste bibliothèque. Comme j'avais le goût de l'extravagance, j'aurais peut-être été séduit par la disproportion étrange dans la vie des livres entre la cause et les effets.

Un ami de mon père qui travaillait dans les ministères (il tenait à conserver le mystère de ce pluriel) assura que j'étais destiné à l'Ecole des chartes. En fait, je n'avais pas du tout la vocation d'un documentaliste. Je me fichais pas mal de l'authenticité des documents, de leur datation, de leur cohérence interne. Surtout, je limitais mon horizon à un petit canton du Lot-et-Garonne, là où les collégiennes pédalaient aussi vite que les garçons, là où le Lot avait cessé d'avoir des foucades mais ne s'était pas encore perdu dans les méandres d'une Garonne romantique. La sommation d'un huissier de Monclar à un mauvais payeur, les comptes du dépiquage de Monsieur Bertrand, les exercices de géométrie de Liénard – oui, cela m'était précieux mais non point les différentes versions d'une tragédie attribuée à Sophocle ou les infinis scrupules d'un père de l'Eglise ou les embarras d'un préfet lèche-bottes sous le premier Empire.

Le cancre et le crack

Les résultats des bons élèves ne m'intriguaient pas. Je l'avais été, je le serai encore de manière intermittente. Avec un peu moins d'étourderie, avec un peu plus de travail, on gagnait deux ou trois points et on se retrouvait dans les dix premiers avant de se laisser glisser à nouveau dans le peloton de la moyenne. Ce qui me semblait échapper aux normes habituelles et à une explication rationnelle, c'était l'existence de l'excellent élève, du crack, du premier de la classe : il arrivait qu'il n'y ait pas de véritable premier, et alors la classe claudiquait, elle subissait une sorte d'hémorragie par le haut. Elle n'avait plus de sommet, elle se perdait dans une sorte de confusion. Toutefois, la réussite de certains bons élèves réputés intelligents me scandalisait quand je les trouvais d'une bêtise incontestable dans leur vie quotidienne, dans leurs relations avec leurs camarades, dans la médiocrité de leurs aspirations. Ils assistaient avec délice à des films d'une nullité assommante, ils parlaient des filles avec un irrespect qui manifestait leur manque de délicatesse, alors qu'ils savaient expliquer le jeu subtil des amants dans une pièce de Marivaux. Comment leur bêtise ne submergeait-elle pas tous les secteurs de leur existence ? Quand il s'agissait des sciences exactes, on pouvait supposer qu'elles constituaient des instruments dont une bêtise épaisse pouvait user à bon escient. C'était plus énigmatique en ce qui concerne les matières littéraires. Je ne leur accordais pas le bénéfice d'une seconde nature qu'ils nous auraient cachée dans le vie de tous les jours. Ils devaient éveiller l'être médiocre qui existe en tout homme, y compris chez les enseignants. Oui, c'était cela, ils les corrompaient et ceux-ci prenaient plaisir à se rouler dans leurs auges. En général, c'est le tyran qui caresse les vices et la nullité humaine. Dans une classe, et un peu partout où l'on disserte, où l'on corrige, où l'on note, les candidats avaient intérêt à flatter le groin ou le ventre mou de celui qui les examinerait, et ce n'était pas tellement beau. La vulgarité d'autres élèves, cette fois excellents, pouvait s'expliquer d'une manière plus subtile et poétique. Elle leur servait de protection. Je la comparais à cette graisse dont on enrobe le confit de canard ou d'oie — n'en déplaise à nos experts de la nouvelle cuisine dont les laïus me paraissent aberrants. Ils mettaient à l'abri, par des gros rires, par des plaisanteries de troufions, un esprit qui demeurait ainsi affûté et qui vibrerait quand on le dégainerait. La comparaison vaut ce qu'elle vaut et je lui trouve moi-même à redire. Car la graisse de nos confits était déjà bien fine ; dans sa dorure, on devinait une chair exquise, alors que la porcherie de nos excellents élèves ne laissait rien présager de bien délicat.

Je notais le scandale inverse. Des garçons sensibles, attentifs, imaginatifs, obtenaient des notes médiocres ou franchement mauvaises. Il était trop commode d'affirmer qu'ils ne savaient pas exprimer leurs dons, puisque nos dons résident pour partie dans notre capacité à les extérioriser, on dira encore qu'ils cherchaient à se châtier ou à punir leurs parents à travers leurs résultats. Peut-être certains d'entre eux étaient-ils glacés à l'idée d'être jugés.

Je crus aussi apercevoir que quelques-uns irritaient des correcteurs jaloux qui leur cherchaient aussitôt querelle et qui s'attardaient à des vétilles.

En conséquence, je m'étais dit que je devais tenir compte du « niveau » de mes professeurs, de leur capacité à m'apprécier. Ce n'était pas de ma part la volonté d'augmenter ma moyenne et d'obtenir de meilleures notes. Il me paraissait que c'était un jeu qui valait la peine d'être joué et qui avait quelque ressemblance avec le combat naval, où il s'agit de couler torpilleurs, cuirassés d'un adversaire dont on ignore l'emplacement. Je fus le grand perdant de ces joutes ignorées de mes maîtres. Ils se révélèrent aussi imprévisibles et insaisissables que les nuages qui venaient de l'océan et dont on ne savait jamais s'ils s'abattraient sur notre Lot-et-Garonne ou s'ils poursuivraient leur route jusqu'au golfe du Lion. J'avais cru découvrir de la connivence, de la fronde chez un professeur de français qui demeura insensible à mes paradoxes et pour qui « Racine était Racine, un point c'est tout ». (J'écrivis dans la marge de sa correction que seul le général de Gaulle pouvait se permettre de telles tautologies.) En revanche, cet autre maître mesquin, chétif dans ses relations ordinaires, trop attentif au respect qu'on devait lui porter, aurait peut-être goûté certaines délicatesses dont je l'avais jugé indigne. Comme les joueurs de poker en perdition, je m'obstinais à parier et à doubler la mise. Ce qui m'importait, c'était que je monte les enchères d'une manière convenable. C'est pourquoi, à la surprise de mes parents, j'étais épanoui parce que le huit que j'avais obtenu correspondait à ce que j'avais prévu et un quatorze sur vingt me laissait dans le désarroi parce que j'étais attristé d'avoir plu à un maître aussi médiocre dans ses goûts littéraires et qui, de surcroît, devait manger comme un cochon, à voir les tâches de graisse de son veston et de son pantalon. J'arrêtai ce jeu, d'abord parce qu'on se lasse tôt ou tard d'un jeu et ensuite parce qu'il me paraissait inéquitable d'être le seul à devoir plaire. J'aurais préféré que, de temps à autre, ce soient les professeurs qui cherchent à me séduire, à moi Pierre Sansot, dans ma singularité et non point à une classe tout entière ; car, de cela, dans leurs calculs et leur roublardise, ils en étaient fichtrement capables.

Je crus à ce bonheur en seconde. J'excellais en grec et le professeur de cette matière ne se contentait pas de me féciliter. Il chercha à me séduire, à établir une parité entre nous comme si mes autres camarades n'existaient pas et se trouvaient par hasard dans la même classe que moi. Puis, à partir du mois de février, alors que je nageais dans la plus totale félicité, il me battit froid. Je n'avais pas eu le sentiment d'avoir été trop familier avec lui. Je saisis plus tard que je n'avais rien compris au jeu de la séduction. Par son retrait, il cherchait à ce que maintenant je l'implore, à ce que je parte en chasse à mon tour. Ostensiblement, pendant ses cours, je parcourais le *Bailly* et, comme il s'agit d'un ouvrage assez important, ma lecture ne devait pas passer inaperçue. Il devait avoir la tentation de me prendre en défaut ; il ne m'interrogea jamais pour me surprendre en délit d'inattention. Il ne le fit jamais car c'eût été me manifester que je l'avais blessé. Toutes ces coquetteries, ces marivaudages, ces minauderies surprendront les « usagers » (comme on dit) de l'Education nationale actuelle où l'on demande un service et non de donner, de refuser son cœur, de se voiler, de se dévoiler…

Strindberg, l'admirable Strindberg qui échappa avec sa famille, par miracle, aux bourreaux nazis me réconcilia pour partie avec ce monde de l'excellence et de la notation. Il réussissait et il méritait de réussir. De même que certains êtres ont du goût et que tous leurs gestes manifestent un accord avec les circonstances, Strindberg vivait en harmonie avec l'explication de texte, la leçon de physique, l'exercice de mathématiques du moment. Il avait la délicatesse de sembler ne pas y attacher d'importance. Par une suprême élégance, il parlait avec sobriété, il atténuait les effets de sa parole mais, pour qui savait l'entendre, cette discrétion ajoutait à son charme. Nous en venions à aimer non pas le latin, les mathématiques, l'allemand en soi, mais le latin, les mathématiques façon Strindberg. Quand il s'absentait parce qu'il était grippé, l'enchantement cessait malgré les efforts et le talent du professeur. Même quand on ne l'interrogeait pas (car il n'intervenait qu'en pareille circonstance), la classe trouvait son équilibre grâce à sa présence silencieuse. Aurais-je su entendre la musique des romantiques allemands, les premiers éléments de la géométrie dans l'espace sans lui ? Nous insistions parfois pour qu'il vienne au tableau, pour bénéficier de la clarté de ces démonstrations, mais aussi de sa fausse nonchalance, du pli de son pantalon-golf, de la variété de ses cravates. Il semblait s'excuser d'avoir autant de facilité et de charme. Il ne dédaignait aucun d'entre nous. Il répondait à nos invitations et, à son tour, il nous recevait chez lui, ou plutôt chez un oncle car ses parents en cette période de l'occupation avaient été contraints de se cacher. Malgré les restrictions, il trouvait toujours le moyen de nous donner une douceur ou une manière de goûter.

Strindberg était vraiment gentil à notre égard et il aurait aimé que nous ne le mettions pas sur un piédestal. Il s'amusait à disserter autour de Jean-Jacques, autour des mérites respectifs de la langue française et de la langue allemande, de la différence entre l'amitié et l'amour. Nous l'écoutions avec délice. Il s'arrêtait de parler et il nous demandait de lui restituer le sens de ses propos. Nous nous en montrions incapables. « Il n'y a là rien d'étonnant, nous répondait-il. Ce que j'ai dit n'avait pas de sens mais, comme vous avez à mon égard une certaine estime, vous conférez à toutes mes paroles un prix qu'elles ne possèdent pas. Ne cédez pas à cette idolâtrie, source de bien des soumissions et des démissions. Demeurez sur vos gardes même affectueusement. Que votre critique soit à la mesure de l'autorité supposée de celui que vous écoutez ». Je crois que très sincèrement il aurait voulu ne pas nous fasciner. Il lui aurait suffi de nous intriguer, et il nous assurait que, de notre côté, nous étions bien mystérieux. Avions-nous besoin d'un maître ? Même si tel était le cas, il n'était pas de la race de ceux qui alors nous occupaient et il me semble que, dans notre écoute si attentive, il y avait autre chose qu'un goût de la servilité. Même et surtout quand il ne disait rien de bien original ou de bien sensé, nous étions sensibles à son panache, à son élégance, à la musicalité de ses phrases. Le désir qu'il avait de se rapprocher de nous nous le rendait encore plus cher.

Nous lui avions inventé une légende, mais était-ce bien nécessaire ! Seuls quelques esprits chagrins prétendaient qu'il était un bourreau de travail, que cette apparence de facilité naturelle cachait des exercices, que sa grâce était le fruit de longues répétitions et qu'un jour il craquerait. Mais, pour la plupart, nous lui accordions une seconde vie mondaine, son existence scolaire n'étant, en quelque sorte, qu'un ajout. Il avait quinze ans, ce qui, à cette époque, représentait peu de chose. Or, nous avions le sentiment qu'il bridgeait, qu'il dansait avec des femmes plus âgées que lui, qu'il mettait en rapport le gouvernement de Londres et la résistance niçoise, que, pour dîner, il endossait un smoking et une cravate blanche. Le lendemain d'une soirée, il devait faire parvenir à ses invitées des camélias ou, pour le moins, un bouquet de roses rouges. Ce que je peux affirmer pour l'avoir vu de mes propres yeux, c'est qu'il jouait merveilleusement bien au tennis. Tandis que son adversaire « se concentrait » (pour user du jargon actuel) à chaque coup réussi ou raté, il faisait une mine, il me souriait. Ce n'était pas du cabotinage, il ne voulait pas épater la galerie. Il s'étonnait plutôt de ce que sa raquette avait su faire à sa place, pour le mieux et parfois pour le moins bon. Il m'a fallu attendre trente ans pour rencontrer une telle personnalité sur un court de tennis. Je pense à Jackie, une Anglaise qui ne cessait de rire après un coup qui la surprenait, et même si son adversaire venait de la fusiller. Entre deux jeux, elle s'asseyait face au grillage pour bavarder avec moi, comme si elle avait oublié le court, l'adversaire et l'arbitre qui s'en irritait. Je la suppliais d'imiter son adversaire qui, au moment de la finale de ce petit tournoi, enfouissait sa tête dans une serviette pour reprendre ses esprits et son souffle. Je m'aperçus qu'elle se reposait à sa manière, en riant, en parlant, en essayant des grimaces.

Evidemment, nos petites amies niçoises étaient jalouses de Strindberg et elles ne le portaient pas dans leurs cœurs. Il possédait un charme qui leur était imparti avec plus de mesure. Nous en venions à les délaisser : telle lycéenne qui nous paraissait piquante nous assommait maintenant par ses coquetteries, ses réparties et nous disions qu'elle gigotait un peu trop. Une autre fille du même lycée qui cultivait le mystère nous paraissait une Gréta Garbo de seconde zone. Elle voulut nous persuader que Strindberg était un homosexuel. Ce qui demeurait vrai dans ses remarques, c'est que nous étions amoureux de lui et que nous avions un petit coup au cœur dès que nous l'apercevions. Dans de telles conditions, même nos maîtres les plus mesquins n'auraient pas osé lui porter un coup bas.

Le cancre m'apparaissait comme une figure tout aussi étonnante et j'aurais aimé dissiper son mystère, tout comme j'avais tenté de le faire avec l'excellence de Strindberg. Seulement le cancre se défendait encore mieux, quand il s'en trouvait un dans une classe, car j'ai connu des classes où il existait des élèves médiocres, paresseux, mais aucun d'entre eux n'atteignait à la perfection du cancre. Pour préserver la singularité de ce type d'élève et pour éviter le risque de le ramener à une espèce à laquelle il n'appartient pas, il faudrait le désigner en inventant un néologisme comme la cancrétude. Paresse, mauvais résultats, insolence ne suffisaient pas à caractériser le cancre. J'ai observé de près Audibert. Il parlait à peine mais, du moins, il se laissait regarder, et j'en ai tiré quelques remarques qui ont peut-être une valeur générale. Audibert ne chahutait jamais. Il ne profitait pas de l'inattention d'un maître pour commettre une bêtise. Ce n'était pas par peur des sanctions ou parce qu'il se savait désigné à l'attention des autorités administratives mais parce qu'il ne daignait pas sortir de l'empyrée où il existait souverain, impassible, quelque peu méprisant à l'égard de tout ce qui bouge, que ce soit la main qui jette une boule puante ou celle qui trace une figure géométrique.

Un cancre n'était pas nécessairement indiscipliné. Il fallait pour mériter ce titre avoir conscience d'une vocation éminente, savoir qu'on avait la chance de la réaliser dans l'univers scolaire et nulle part ailleurs. De là son attachement au collège où il avait été inscrit. Il le quittait à regret fin juin : dès qu'il était lâché dans la nature comme nous tous, rendu à ses parents, on perdait de vue sa qualité et il errait comme une âme en peine. On le collait le jeudi après-midi et le dimanche toute la journée parce que ses résultats étaient insuffisants, mais il en profitait pour ne pas quitter l'établissement et la plus dure des sanctions eût consisté à lui imposer la promenade des internes en ville ou à la campagne. En étude, il rêvait, il ne s'appliquait pas à son travail mais, de cette manière, il emplissait le collège tout entier de ses rêves. Il mangeait ou, plutôt, il « baffrait » l'innommable, ce que nous n'aurions pas pu ingurgiter sous peine de le vomir, et, là encore, c'était pour lui un moyen de s'approprier la substance du collège. De cette mangeaille bien particulière, il avait fait des matelas de graisse. Il se lavait peu, à peine, malgré les remontrances du maître d'internat et la menace de nouvelles sanctions (mais lesquelles ? Les interdictions de sortie couvraient déjà tout son trimestre. En quoi il était libre, puisqu'il ne redoutait plus rien tandis que nous vivions dans la crainte d'une « retenue ». Quand on m'a parlé des stoïciens, j'ai pensé plutôt à Audibert : ne craignant plus la mort ou quoi que ce soit, le stoïcien va commencer à vivre comme il l'entend, à moins qu'il ne se suicide pour se rendre compte que véritablement il ne redoutait pas la mort.) De cette manière, se lavant si peu, il portait sur ses vêtements, dans sa chair, l'odeur de l'internat dont nous nous souvenons et que nous, tous ses autres camarades, cherchions à dissiper au vent, aux prairies du Lot-et-Garonne.

Voilà donc la clef qui devrait rendre compte du comportement singulier du cancre et nous permettre de ne pas le confondre avec des caractériels, des inadaptés ou des abouliques. Je considère ce dernier qualificatif : aboulique ; il n'aurait pas eu assez d'énergie ou d'imagination pour vouloir, pour se projeter, pour faire un effort. Et si cette aboulie n'avait pas été plutôt un impouvoir, le désir de se laisser traverser par les événements de la vie du lycée sans prendre une quelconque initiative, sans dresser son petit surmoi comme un coq se dresse sur ses ergots? Professeur, j'ai rencontré des élèves qui ne fichaient rien ou dont les résultats étaient d'une nullité consternante. Je ne pouvais pas les appeler des cancres parce que je ne relevais pas en eux cette adhésion (ou plutôt cette adhésivité) à leur lycée. Et si l'un d'entre eux avait choisi inconsciemment ce mode d'être, il n'aurait pas pu le réaliser puisque le collège, entendez l'ennui des jeudis après-midi et des dimanches, ses odeurs, son enfermement, ses rêves paresseux, ses glouglous intestinaux, avait disparu depuis longtemps. Audibert nageait dans la béatitude et cette euphorie irritait ses professeurs qui auraient dû en comprendre la signification. Audibert était le seul d'entre nous à vaquer dans ce collège comme un bienheureux au milieu des anges. Il avait d'ailleurs rempli son placard d'innombrables provisions comme s'il croyait que l'année scolaire durerait une éternité alors que ses redoublements lui assuraient seulement un sursis dans la durée. Tous les autres potaches, y compris les meilleurs, feignaient le mécontentement et ils projetaient un avenir où ils seraient adultes et où ils auraient quitté le collège.

Le cancre et le crack, l'existence de ces deux figures suscite en moi la réflexion suivante. Certes, le classement était un moyen de distinguer les bons et les moins bons et de promettre en principe aux meilleurs une situation convenable que les autres n'auraient pas. Mais le plus essentiel était, du moins à nos yeux d'enfants et d'adolescents, l'instauration d'un ordre au terme duquel l'idée de comparaison n'avait pas grand sens, chacun étant ce qu'il est et n'étant pas mesurable aux autres. Audibert, le cancre, nous fascinait et nous étonnait autant que Strindberg, le petit génie, et ce dernier, s'il l'eût rencontré, lui eût rendu l'hommage qu'il méritait. Il n'avait pas l'élégance, le charme de l'excellent élève. En revanche, il se montrait insensible aux coups, aux critiques, aux sanctions, à l'ennui et il était le seul élève libre de notre collège. Nous nous sentions par rapport à lui des poules mouillées. Surtout, il avait une connaissance intime et profonde du collège qui nous échappait, et cela nous le savions. Lui seul aurait pu nous en parler convenablement s'il avait consenti à sortir de son demi-silence. Plus tard, nous nous sommes souvenus tout autant de l'un que de l'autre, tandis que le reste de la classe s'est estompé dans nos mémoires. Par exemple, pourrais-je encore dessiner les traits d'un Nacib et de Zayat, les deux Egyptiens cousins devenus polytechniciens ? Ou le visage de X qui épousa la fille d'une grande famille niçoise avant de devenir champion de tennis de France et d'être l'une des locomotives de Saint-Tropez ? Ou le visage de Besse, un garçon tranquille, en apparence quelconque, et qui eut (qui a) la force depuis trente ans de rester dans l'adoration perpétuelle du Saint-Sacrement dans un austère cloître ? Et qui se souvient de moi, Pierre Sansot, dont l'affection pour le lycée était patente, qui, à chaque matin, semblais m'émerveiller qu'il n'ait pas été soustrait à mon regard amoureux ?

Nous rêvions d'harmonie, au sens oriental du terme, plus que de hiérarchie. Nous aspirions à un ciel scolaire où l'on pût distinguer le Grand et le Petit Chariot, la Grande Ourse aussi, l'étoile du Berger. Quand nous nous mettions au travail avec plus d'ardeur, ce n'était pas pour prendre une option sur un avenir lointain et peu concevable (il n'existait pas d'office d'orientation, seulement de vagues rumeurs, sur les métiers possibles) mais pour la beauté du geste, pour empêcher le peloton de s'engourdir et de devenir amorphe. Certains d'entre nous fournissaient un bref effort, puis ils levaient haut leurs guidons, le temps d'avoir une bonne note, comme dans nos courses du Sud-Ouest où l'on sprinte pour empocher une prime avant de pédaler à nouveau à son rythme et de chasser la canette. En ce sens, nous avions tous le regret du primaire dont le secondaire n'était qu'une pâle perpétuation. Nous avons vécu, sans le savoir, dans la nostalgie de ce type d'école et d'enseignement qui nous fournissait une espèce de cosmogonie, une magistrale mise en scène d'un lieu que nous occupions pendant cinq ou six ans. C'est ainsi que j'accorde beaucoup d'importance, dans cette métempsychose, cette métanoia, aux bonnets d'âne. Le dernier de la classe n'était pas un caractériel, un dyslexique, un handicapé physique, un cas social, un garçon à problèmes. Il était, pour quelques semaines ou quelques mois, un âne avec de longues oreilles et des yeux doux mais inintelligents. Il m'est arrivé de porter pendant une semaine le bonnet d'âne parce que mes résultats avaient été catastrophiques, et je m'assurais de temps à autre de la taille de mes oreilles car il me semblait qu'elles avaient poussé. Par la vertu de la classe, nous bénéficiions d'une emblématique animale. Le premier n'était pas d'abord un excellent élève. C'était un aigle. Il y avait aussi un camarade désagréable au possible et qui nous apparaissait comme un ours mal léché. Celui qui faisait le pitre sans arrêt, malgré les sanctions qui pleuvaient sur lui, était un singe, et c'est vrai qu'il était malin, adroit comme un singe, qu'il avait des allures simiesques, qu'il nous imitait même quand il ne pensait pas à malice. Nous quitterions l'école primaire et, du même coup, notre part d'animalité disparaîtrait et nous ne saurions plus qui nous étions.

Adieu, l'école primaire! adieu, l'époque de notre vie où nous aurions eu la joie et surtout l'honneur de porter d'authentiques masques, non point ceux que les adultes empruntent, livides, blêmes, boursouflés, pour cacher leur visage et se donner de l'importance, mais ceux qui abolissent l'individualité pour la sublimer au niveau des archétypes essentiels. Nous le sentions et nous ne prenions pas le classement en considération d'une manière exagérée. Nous pouvions avoir pitié d'un aigle aux ailes mal assurées, aux serres grotesques tandis que nous nous ébahissions devant un singe de nos camarades qui eût rempli d'admiration les passants du Pont-Neuf et les promeneurs du Palais-Royal.

Un cancre parfait

Je voudrais revenir sur cette énigme que constituait à mes yeux la liaison du cancre et de la perfection, beaucoup plus étonnante que d'autres alliances plus littéraires comme « cette obscure clarté » du Cid dont on nous rabattait les oreilles. Nous étions des joueurs de billes, des amateurs de chewing-gum, des pinailleurs, nous défendions de nos coudes le petit territoire de notre bureau et, en même temps, nous dévorions les étoiles, nous étions dans nos proférations de grands consommateurs d'absolu. Car nous disions, avec une étrange satisfaction, un sacré imbécile, une bêtise incommensurable, pyramidale, une connerie immense, profonde, totale, une connerie sans fin. Il se produisait dans ce jeu des renversements surprenants et je m'aperçois aujourd'hui que nous attribuions tous ces qualificatifs infâmes au « fort en thème »! C'était une de nos figures scolaires les plus éclatantes qui a disparu avec les thèmes, avec la race des forts en thème et que je voudrais évoquer avant de parler de mon ami, de mon modèle inaccessible, le cancre parfait.

Nous parlions ainsi du, des « forts en thème » que nous nous gardions de confondre avec le « crack ». On sous-entendait qu'il se rattrapait dans cette matière parce qu'il ne se détachait pas en virtuose dans les autres et qu'il lui fallait grignoter laborieusement des points pour arriver en tête de la classe. Dans notre imaginaire écolier, nous le voulions binoclard, laid et, pourquoi pas, cafardeur, sans âge, sans esprit de fronde. Nous devions donc distinguer le thème latin (le thème grec, c'était autre chose, pour y exceller, il fallait s'être baigné avec Nausicaa, savoir entendre l'oracle de Delphes, avoir parcouru la moitié des livres de la bibliothèque d'Alexandrie avant qu'elle ne soit brûlée) des autres exercices de l'esprit et même des mathématiques dans leur extrême abstraction : un fort en maths pouvait lancer très loin le javelot, toucher ses adversaires avec rudesse, cela ne nous étonnait pas et nous ne trouvions rien à redire. Dans une version, un élève pouvait suppléer à ses lacunes par de l'intuition. Il risquait d'ailleurs de se tromper du tout au tout, mais le pari, quand il était réussi, n'en était que plus admirable. Pendant quelques heures, pour donner sens à cette langue que même les professeurs déclaraient morte, un enfant du Lot-et-Garonne s'était mis dans la peau d'un invalide de guerre qui réclamait une pension ou dans celle d'un général romain qui cherchait à museler ses troupes. Rien de tel dans le thème latin. Il fallait d'abord connaître parfaitement sa grammaire, et l'intuition ne pourrait jamais — à moins d'un miracle qui ne se renouvellerait pas — nous permettre de réinventer la deuxième personne du subjonctif présent d'un verbe du second groupe. Je crois qu'il y avait plus dans cette défiance. Nous jugions avec sévérité cette volonté de nous imposer la résurrection d'une langue disparue ; laver le tableau, nous mettre à plat ventre parce que le professeur de gymnastique nous l'ordonnait, d'accord — mais jouer à notre âge les croque-morts, c'en était trop ! Nous découvrions à cette occasion une singulière contorsion des institutions scolaires et comme il fallait être tordu pour s'y soumettre, doublement « tordu », « le fort en thème » se pliait sans rechigner à un ordre absurde : quel fayot, quel lécheur, il aurait léché les bottes du maître s'il le lui avait demandé ! et s'il y arrivait, c'est que son esprit fonctionnait de travers : il y avait en lui du vice pour que, tel un faussaire, il refabrique du latin avec du français. Si nous avions été tant soit peu patriotes, nous aurions crié au scandale, à constater cette sortie de nos devises (de nos mots) hors des frontières de notre langue, mais les Français avaient alors assez à faire avec les Allemands qui, par trains entiers, expatriaient nos récoltes, pour s'occuper de cette hémorragie purement morale.

Le thème latin nous paraissait, en lui-même, un exercice méprisable. Ou bien il s'agissait de phrases simples ; leur transcription relevait de la méthode « Assimil » : il convenait seulement aux langues étrangères où il est parfois utile de commander un pudding à Londres ou une patisserie généreuse en chantilly à Vienne. Mais il n'avait rien de formateur, comme on le prétendait, et le procédé était vain, absurde, puisque nous ne rencontrerions jamais au coin de la rue Caton l'ancien ou Néron l'histrion. Ou bien l'on nous proposait quelques phrases de Bossuet ou d'un autre écrivain nourri des lettres classiques, c'était alors une fraude déclarée, une imposture. Nous avions à réécrire en latin des phrases d'un homme qui les avait pensées en latin et puis écrites par accident, pour être entendues des ignares, en français. Nous n'étions pas tout de même ses larbins et nous n'allions pas faire des heures supplémentaires (non payées, retirées à une ballade du côté de Praissac) pour le contenter. Quel tour de passe-passe dérisoire ! Tant qu'à être malhonnête, il valait mieux, en ces temps-là, se procurer de fausses cartes d'alimentation ou de textile. Ou bien, et c'était la troisième occurrence, le maître pour nous racoler, pour détourner notre attention de ses binocles et de ses vieilles frusques, nous donnait à traduire en latin un texte plus moderne où il était question de vélos ou de télégraphistes. A d'autres que nous, ces fausses audaces qui consistent à porter à Antigone, le matin de son acte sublime de rébellion, du café au lait et des toasts à la marmelade d'orange. Le maître lui-même ne pouvait s'en tirer, avec une fierté déplaisante, qu'en utilisant des périphrases : donc un genre académique et poussiéreux au moment même où il pensait « réactualiser » l'éternelle alliance franco-latine.

Cependant, un crack avait le droit, par une dispense spéciale, par une délégation de droit divin, d'être aussi fort en thème latin. Il réussissait en tout, sans être fourbe, lécheur, sans avoir à pâlir sur sa grammaire latine. Il réussissait en tout parce qu'il ne pouvait pas échouer — l'eût-il voulu. Evidemment, avec l'âge et quand j'ai été admis dans une khâgne parisienne, j'ai révisé ce jugement d'enfant et je regrette presque mes moqueries à l'égard de quelques forts en thème. A un certain niveau et entendu d'une certaine manière, l'exercice exigeait, plus que tous les autres, une connaissance vivante, quasi animale, de deux langues puisqu'une traduction juxtalinéaire, au coup par coup, est impossible — l'amour, la connaissance affectueuse du latin, avec ses jets, ses rejets, ses expirations et ses inspirations propres, mais aussi celle du français puisqu'il fallait être attentif à une cadence, à une musique, à des élans contenus, à des mouvements d'humeur et ne pas les perdre au moment de la transcription. C'était au fond le seul exercice où il fallait être musicien, avoir de l'oreille, accompagner certaines phrases du tressaillement de son corps, d'un trépignement des pieds — être autre chose qu'une petite machine intellectuelle bien réglée et rapide

— ; ce qu'un commentaire de texte, si brillant soit-il, développe, explicite, nous avions à l'inscrire silencieusement dans la chair d'une autre langue, semblable et dissemblable. Quand je me moquais des forts en thème, Strindberg se contentait de sourire mais je sentais qu'il n'acquiesçait pas. Il aurait pu me faire valoir, en toute simplicité, ces quelques raisons que j'ai énoncées. Il voulait me laisser parcourir tout seul mon chemin. Il avait assez confiance en moi pour pressentir que je n'en resterais pas à ces niaiseries d'adolescent. Une seule fois, parce que je reprenais ce sujet avec trop de véhémence, il avait consenti à me dire : « Tu sais, le thème, ce n'est pas une affaire de grammaire mais de cœur ». Diantre ! je mettais ailleurs mes affaires de cœur et, sur le moment, j'ai pensé qu'il avait parlé avec une pompe qui lui était inhabituelle. Et, c'est vrai que, ce jour-là, le pantalon-golf de Strindberg avait un pli trop perceptible et que cela avait déçu, en ces années noires de l'Occupation, notre anglomanie.

J'étais très attentif aux ombres, à la qualité du cancre. Quand je me rendais dans un nouvel établissement, c'est ce dont je m'enquérais aussitôt. Je ne m'interrogeais pas sur la valeur des enseignants, sur la camaraderie des élèves, comme le font maintenant les parents apeurés et leurs enfants complices, « responsabilisés » : et hop ! vers l'allemand et les mathématiques, même si on les abhorre, puisqu'on y place, dit-on, les meilleurs professeurs. Je peux donc parler en connaissance de cause de la nature du cancre, de ce qui pouvait ou non favoriser son génie. A coup sûr, les établissements religieux constituaient un milieu propice, sauf ce collège de Villeneuve-sur-Lot fort laïc, mais qui, par bien des points et par sa vétusté, avait quelque chose de commun avec eux. Que l'on ne se cantonne pas à des explications socio-culturelles, donc dépourvues de vérité et de poésie, si je peux distinguer ces deux dimensions. De ce point de vue, les parents leur auraient confié des enfants renvoyés, des fruits secs, la religion aurait étouffé l'inventivité, l'originalité, ou encore seuls des professeurs au rabais, des prêtres vieillis sous la soutane (et que dire des bonnes sœurs !) y auraient transmis leur maigre savoir, effrayés à l'idée qu'un surcroît d'intelligence ne plonge leurs élèves dans le doute et l'impiété.

La vérité est tout autre et il faut substituer la positivité de la vie sensible à des explications réductrices. Les rythmes, les espaces du collège religieux permettaient au génie du cancre de se déployer, tout comme Versailles, la monarchie, le jansénisme ont permis à Racine d'être le génie tragique admiré de nous tous. J'ai dit les espaces. Une chapelle ardente trop pleine ou trop vaste. Trop pleine de fleurs (au mois de mai), de chants en hommage à Marie, de paroles latines sublimes comme le Veni creator, le Tantum ergo — et le cancre acquiesçait de tout son cœur, de toutes ses narines à ce merveilleux embaumement. Trop vaste quand seule une classe ou deux, trois élèves pieux venaient s'y recueillir. Le cancre se pelotonnait au milieu des bancs vides de la chapelle, avec le tabernacle lointain, le dieu absent, les vitraux qui laissaient passer la lumière avec parcimonie. Il aimait s'y rendre , non point pour « fayoter » (j'ai assez souligné qu'il méprisait souverainement les punitions et le jugement de ses supérieurs) mais pour vivre l'alternance de ces deux vertiges et de ces deux sommeils. Comme les habitués, il avait acheté les plus beaux coussins que l'on avait le droit de poser sous ses genoux et sous ses fesses. Il avait demandé à sa mère d'y broder ses initiales et une formule à la gloire du Christ, ou plutôt de la vierge ou encore du collège (nous appelions ces coussins d'une façon trop familière , quel que fût leur usage, des « sous-culs »).

Le confessionnal était un lieu de pénombre et, en quelque sorte, le cœur du collège car, dans un tel établissement, il importait encore davantage de se purifier de ses fautes morales que de ses erreurs en mathématiques ou en version latine : c'était dans les lycées, ces lieux du temporel et de la réussite, que l'on pourchassait à tout prix les contresens, les erreurs de raisonnement : aux yeux de nos enseignants, ce n'était que peccadilles. Le père confesseur savait chuchoter, bercer les âmes et non point les inciser. Tant qu'à faire, le cancre préférait s'entretenir avec un père de son choix, de sa vie spirituelle. Il se rendait alors dans sa chambre ; les paresseux voyaient dans cette procédure un moyen de gagner du temps sur le travail, d'augmenter les récréations, de dissiper l'ennui... Quels soupçons mesquins, et comme il serait maladroit de prêter de telles préoccupations au cancre ! Il en attendait la voie la plus sûre pour vivre au rythme de l'existence du collège. D'abord, il y avait le rite du billet : on le demandait, il nous revenait signé du préfet des études ; on le présentait au père spirituel et il était à nouveau remis au préfet des études, avec la consignation de l'heure pour chaque étape de ce vagabondage. Peut-on imaginer documents plus précieux, plus authentifiés, plus surchargés de signatures et d'horaires qui ne valaient que pour les chemins intérieurs du collège. Les consulats d'Extrême-Orient, les journaux des grands explorateurs du siècle dernier, les passeports aux cachets innombrables pour qui traversait les pays balkaniques avant 14 ne me paraissent pas aujourd'hui plus émouvants.

Or, il ne s'agissait pas seulement d'un jeu d'écritures. Le cancre voyageait dans un collège vide puisque ces autres camarades se trouvaient en étude. Il n'était plus importuné par leur agitation et leurs rires bêtes ; il redécouvrait, émerveillé, les couloirs, les courbes, le hall, le labyrinthe de son collège. Il y avait au rez-de-chaussée du collège Stanislas de Nice un immense hall dont la superficie devait avoisiner les deux cents mètres carrés, avec de hauts plafonds, des vitraux ouvragés et des escaliers qui menaient à différents étages. J'imagine la jubilation du cancre dans cet opéra, dans cet espace qui ne résonnait que de ses pas et qui n'existait que pour lui. Il rendait visite à son père spirituel et il avait eu assez de flair pour choisir le bon, tandis que les uns et les autres nous nous sommes souvent égarés au moment du choix. Il nous est trop souvent arrivé de nous adresser à des abbés inquiets ou indiscrets et, somme toute, fatigants à tel point que nous regrettions le repos relatif de nos études et de nos classes. Il était alors plus facile de plancher sur un problème de géométrie ou de réfléchir sur le supin d'un verbe irrégulier que de gambader avec eux à la découverte de notre vérité intérieure mais ô combien invisible. Dieu, qu'ils avaient les jambes lestes, le regard vif, la mémoire fraîche pour démasquer nos mensonges et nos contradictions ! Certains d'entre eux étaient tellement avides de nous racheter que, pour leur complaire, nous devions, avec eux, faire le tour de motivations compliquées à l'extrême, à croire que, déjà, à cette époque, ils avaient lu Freud et devancé le père Lacan. Ces chasseurs de rachat, de salut ne lâchaient plus, de toute l'année, leurs victimes. Le cancre ne se trompait jamais et c'était une raison de plus de l'admirer.

Il avait demandé à être suivi par un abbé d'un certain âge qui n'avait plus l'âge de chasser, qui considérait de tels jeux comme dérisoires, qui avait rangé, une fois pour toutes, dans son placard, le scalpel, les longues vues, les manuels de casuistique. Il disait quelques mots et il rêvait à je ne sais quoi tandis que le cancre l'accompagnait dans ses songes : avait-il perdu la foi ou, simplement, s'était-elle atténuée avec les pulsations de son existence ou croyait-il enfin que le salut advient énigmatiquement, sinon miraculeusement ? Le cancre avait réussi dans sa quête qui était celle de la vérité et de l'être du collège. Celle-ci ne se trouvait pas dans le nombre des jeunes gens reçus au bac dont le nom figurait en bonne place dans le palmarès de fin d'année ; elle ne coïncidait pas avec l'équilibre financier, pédagogique de l'établissement. Elle devenait cette chose dérisoire et sublime : une chambre de célibataire qui sentait le tabac, les vêtements usagés, le retrait de l'existence. Le Père ne faisait pas la morale, il donnait à peine quelques conseils et son absolution. Le cancre se sentait ému parce qu'il y avait de la grandeur dans cette modestie et aussi parce qu'il assistait à l'ultime métamorphose de l'essence par ailleurs dispersée du collège. Je n'ai jamais eu la sensibilité du cancre et j'ai eu cependant la chance de rendre visite à l'un de ces prêtres, oui, lui rendre visite comme on rend visite à un malade. Je trouvais beau que le berger soit aussi la brebis, le père l'enfant. La plupart des vieillards m'irritaient car ils étaient exigeants, capricieux, ou bien ils m'apitoyaient quand on les tenait pour quantité négligeable. Cet abbé, l'abbé Meur, qui par ailleurs était notre professeur de mathématiques, m'a semblé sublime. Avec un peu d'effort de sa part et s'il n'avait pas été pudique, il aurait prononcé les paroles que j'attendais, adolescent, avant de m'engager dans l'existence. Je pense aujourd'hui à ces films noirs où le détective attend en vain quelques mots d'un témoin qui va expirer dans une clinique. Seulement, cette rencontre me paraissait plus authentique et pathétique. Les paroles dont il était question étaient imprononçables et elles rendaient l'histoire du sphinx assez primaire, digne d'êtres mal dégrossis. Les autres prêtres avaient souvent la chance de demeurer dans leur presbytère jusqu'à leur mort. On leur évitait quelques génuflexions au cours des cérémonies religieuses mais ils continuaient d'assumer leur sacerdoce. Les prêtres qui nous dispensaient leur enseignement n'étaient pas tout à fait comme les autres, ils ne seraient pas accueillis par une famille qu'ils n'avaient pas fondée, et je m'inquiétais de leur sort : où viendraient-ils finir leurs jours ? Je me promettais de ne pas perdre de vue l'abbé Meur, mais j'ai quitté Nice et j'ai oublié ma promesse.

Dans un lycée, point de chapelle, point de visites à un père confesseur. Il restait au cancre laïc la visite à l'infirmerie qui possédait moins de mystères et qui ne le plongeait pas véritablement dans la vie intérieure de l'établissement. Il fallait donc qu'il use avec habileté de ce dont il disposait : les lits de fer de l'infirmerie, le thermomètre que l'on essayait de faire monter, les blouses blanches, les suppositoires, un havre de tranquillité et d'ennui, la fadeur des tisanes, les sonneries de la récréation, la visite de quelques camarades... C'était aussi un lieu à part où les inspecteurs généraux trouvaient à se loger quand ils étaient économes et rechignaient à payer une chambre d'hôtel. De toute manière, pour en user convenablement, il fallait recourir à la ruse et à une tactique de détournement des lieux. Moi-même, il m'est arrivé au mois d'août de donner des cours de vacances au lycée de Tournon (celui-là même de Mallarmé) et, de mon plein gré, j'avais accepté de coucher dans l'infirmerie. Je trouvais ainsi un moyen supplémentaire d'irréaliser la situation : tous ces potaches, jeunes filles en plein éclat de leur beauté, jeunes gens décontractés, en espadrilles, planchaient, sous le soleil d'été, sur des matières austères. Les révisions étaient intensives. En quatre semaines, on traversait au pas de course les programmes d'histoire, de géographie, de chimie, de sciences naturelles, de philosophie, de mathématiques. Quel merveilleux contraste ! Nous demeurions quelques instants au seuil de la classe avant de quitter l'été, les pins, les serviettes de plage, tout ce qui encore à cette époque apparaissait comme une offrande miraculeuse. Les élèves qui avaient échoué en juin n'étaient pas les meilleurs et cependant certains se métamorphosaient, soit qu'ils aient été saisis de la volonté de réussir, soit qu'ils aient enfin aperçu l'intérêt d'une matière qui les avait rebutés tout au long de l'année. J'ai ainsi ouvert à la philosophie un futur agrégé. L'infirmerie, puisqu'il faut parler d'elle, redoublait ce porte-à-faux. Je couchais dans un lit étroit et le matin j'étais surpris de retrouver sous mon regard des barreaux de fer et non point le lit conjugal : non point une tapisserie, des fauteuils, mais une salle austère crépie de blanc, avec des chaises rigides sur lesquelles j'avais posé mes vêtements. J'étais réveillé comme tous les autres internes à six heures trente par la sonnerie. Je me retournais dans mon lit pour y gagner un petit quart d'heure de sommeil. Je me lavais, je m'habillais à la va-vite pour ne pas rater le petit déjeuner que l'on nous servait au réfectoire. Lorsque je n'avais pas de cours à enseigner, j'allais me recoucher et j'écoutais la vie du lycée, les sonneries qui retentissaient d'heure en heure tandis que je corrigeais des dissertations, les dissertations de ces jeunes gens qui faisaient un peu plus de bruit pendant la récréation de dix heures.

La plupart de mes collègues venaient de Grenoble et faisaient le trajet. Ils n'avaient pas l'air de savourer cette situation extraordinaire. Ils pensaient arrondir simplement leur mois (peut-être le doubler), ils songeaient à quelques meubles supplémentaires qu'ils s'offriraient et ils pleuraient déjà à l'idée d'avoir à reverser au fisc une partie de leurs émoluments. Ils parlaient d'une « boîte à bachot » alors qu'il aurait fallu dire « des cours de vacances ». L'expression était belle et nous devions l'entendre à la lettre. Des cours de vacances, comme il y a des cours d'anglais, de ski, d'alpinisme. Nous avions à défricher, à retourner les vacances, à les faire exister dans un jeu d'ombres et de lumières, d'abandon et de retrait, ce qu'un quelconque loisir ne saurait jamais faire. Le soir, après le repas, tandis que les futurs candidats demeuraient enfermés dans le collège, je le quittais, je me promenais en direction du Rhône. Je m'arrêtais devant le même restaurant réputé de Tain-l'Hermitage qui vantait son pain d'écrevisses. Cette alliance du pain et des écrevisses, de la blancheur et d'un rouge cardinal me laissait rêveur ; puis j'appris un jour qu'il s'agissait de quenelles et, même si elles étaient exquises, elles n'appartenaient plus au régime du merveilleux. Je rentrais ma clef dans la serrure énorme du portail du lycée que je refermais. Tout paraissait absolument calme. Je déambulais dans cette obscurité qui avait été si chaude pendant la journée. Je me dirigeais vers l'infirmerie sur la pointe des pieds pour ne pas réveiller le collège endormi. Malgré ces évocations, on voit tout de même que l'infirmerie demeurait un lieu profane et qu'elle ne pouvait s'égaler à ce qu'il y avait de sacré dans les chapelles, les parloirs, les études. Il fallait du talent et quelque chance pour en faire bon usage.

J'aurais bien aimé devenir un cancre. J'ai collectionné, sans conviction, de mauvaises notes, des places de dernier. Je manquais de style, la manière n'y était pas et je ne trompais personne. J'ai vite (trop vite) renoncé. J'ai eu à nouveau des notes médiocres, puis assez bonnes. J'ai rejoint le reste de la classe, de l'humanité. Désormais, j'aurais à apprendre l'humilité et à vivre la condition modeste des autres hommes. Je dépendais trop du monde extérieur et de ses humeurs changeantes pour devenir un cancre. J'aurais dû être capable de m'engourdir lorsque le soleil claironnait et que le monde multipliait ses invites. C'est, en ces moments contraires, que le cancre révélait sa force d'âme. Il eût été trop facile de sommeiller quand Villeneuve-sur-Lot s'enfonçait dans la brume et d'en tirer gloire pour le restant de l'année. Et, même en ces circonstances, est-ce que je ne confondais pas trop vite mon vague à l'âme avec la nonchalance supérieure du cancre ?. Que se passait-il en moi lorsque l'hiver grimaçait dans le Lot-et-Garonne ? Je n'étais que le reflet du ciel. Pour rejoindre mon lycée qui se trouvait à une vingtaine de kilomètres, je devais pédaler malgré les averses, et ma pèlerine pesait vite lourd sur mes épaules. Quelques autos, rares à cette époque, m'éclaboussaient et je garderai pendant toute la journée, sur moi, l'humidité de mes vêtements, même si je m'approchais du poële de la classe. Je longeais les prairies que j'avais connues lumineuses, les pruniers avaient perdu leur fard outrageusement mauve, le tabac avait été coupé et il ne répandait plus ses odeurs. Je posais mon regard sur des maisons de maître dont les volets étaient fermés puisque leurs propriétaires étaient repartis à Bordeaux ou à Paris. Je ne pouvais compter sur aucune aide dans ma course, sur aucun de ces signes affectueux du paysage après lesquels je piquais un sprint de bonheur. Le plus triste, c'était encore, je crois, la solitude des peupliers que j'avais aperçus dans la gloire de l'été et qui émergaient, frêles, abandonnés dans le brouillard. Le Lot dont j'avais eu soif pendant les beaux jours, dans lequel je m'étais plongé en sueur après des kilomètres de course, se pressentait à une brume encore plus épaisse. Je maudissais ma mère qui m'avait tiré du lit en me secouant. Sans elle, je serais demeuré enfoui sous mon édredon, je n'aurais pas rejoint tous ceux qui avaient obéi à l'absurde appel du travail. Le jour levé, j'aurais rejoint les autres de la maison, au coin du feu dans la cuisine, tous silencieux, lentement imbibés d'alcool de prune, tournant à peine la tête pour voir qui entrait et, le cas échéant, lui faire un peu de place. On ne se levait qu'en cas d'urgence, lorsqu'un besoin devenait trop pressant. Seules les femmes s'activaient pour préparer le repas et donner de la chaleur aux hommes.

En classe, rendu au collège de Villeneuve, je recevais les explications et les paroles de mes professeurs comme des volées de bois vert. J'attendais que les coups cessent, mais cette grêle de mots qui s'abattait sur moi me paraissait interminable. Je tentais de sommeiller, de rêver que j'étais encore dans ma ferme à Saint-Pierre-de-Caubel, j'aurais voulu user de ce don d'évasion, de bi-location que le cancre possédait en tous lieux et en toutes circonstances. En vain, le maître qui ménageait le cancre, en vertu d'un privilège injustifiable, ne nous laissait aucun répit. Il désignait d'un doigt coléreux, presque vengeur, le coude sur lequel je m'appuyais. Je n'avais d'autre ressource que de me frotter contre mon chandail pourtant humide comme s'il eût été mon ancien nounours. J'étais encore ignorant de la fatalité sociale qui semble peser sur tous les régimes et contre laquelle personne ne s'élève. Je ne comprenais pas que l'on ne suspende pas les hostilités du travail quand il pleuvait, quand on avait les yeux épais, le corps mou. La France, bon sang, avait demandé l'armistice en 40 quand elle avait compris que cela tournait mal pour elle. En ces temps-là, j'imaginais encore la société comme une immense tribu qui avait la possibilité de s'arrêter de cueillir ou de chasser quand les vents étaient contraires, que l'intempérie était trop forte ou que ses membres avaient l'esprit ailleurs. En outre, à quoi bon pousser devant soi cette armée de mollassons, d'enrhumés, de cerveaux obscurcis. Une ville, une région, la mienne, celle de Villeneuve-sur-Lot n'avaient qu'à garder la chambre comme un malade. Plus tard, à mon tour, quand je dus enseigner, il m'est arrivé, en pareille circonstance, d'être sur le point d'implorer de mon public une cessation de paroles comme l'on demande de cesser le feu. Je n'ai jamais osé le faire, je prononçais des phrases pâteuses. Mes propres discours m'assoupissaient et je me rattrapais de justesse du sommeil qui me guettait.

J'en aurais presque voulu au cancre d'avoir été le seul à avoir eu l'audace de déserter et de renvoyer son fascicule. J'étais assez lucide et honnête pour l'admirer au lieu de le haïr et pour prendre conscience de mon immense lâcheté. Une fois de plus, j'en arrivais à admettre que le cancre était supérieur au crack, même s'ils accomplissaient leur existence dans deux univers incomparables. Ainsi, par certaines matinées de novembre (cette fois à Nice), Strindberg perdait tout son éclat, son visage se brouillait et, quand le maître l'interrogeait, il bredouillait quelques phrases. A notre grand désappointement, nous nous apercevions qu'il n'était pas invulnérable. Il portait encore sur lui son pantalon-golf, son chandail jacquard, sa blondeur, et pourtant nous avions l'impression qu'il avait passé la nuit dans le hall d'une grande gare et que sa main poissait. Dans une supplique silencieuse, toute la classe l'appelait au secours : « Strindberg, rétablis-toi, opère un de ces rétablissement, dont tu as le secret pour dérider le ciel ou l'escalader. Il fait presque noir et nous avons peur et nous n'avons plus envie de vivre. Monte en première ligne, gaiement, et manifeste-nous que les assauts de la pluie, pas plus que les bombes ou les balles, ne peuvent t'atteindre ». Strindberg ramait.

Nous avions l'impression pénible d'assister à la défaillance que des grimpeurs aux pédales ailées connaissent dans l'asphyxie d'un col ou à celle des joueurs de tennis qui, tout à coup, se mettent à jouer à contretemps. Strindberg, le merveilleux Strindberg, rapetissait à vue d'œil, il se ramassait sur lui-même, il semblait nous dire dans un sourire contraint : « je suis désolé, moi aussi, je le regrette ». Dès la classe terminée, après un signe amical et discret, il nous quittait très vite et je comprenais qu'il aurait été inconvenant d'entreprendre un bout de chemin avec lui.

Au contraire, Audibert, en parfait cancre, manifestait qu'il maîtrisait tout à fait la situation, qu'il sortait vainqueur de circonstances qui, en principe, lui étaient défavorables : par exemple, celles où tout le monde a envie de gambader. Le professeur, décidément en verve, étincelait, pirouettait, s'accordait à une nuit radieuse passée par Jean-Jacques au bord du Rhône, ou encore il nous dressait un portrait aigu de Metternich. Les jeunes collégiennes, dans la cour, dansaient plus qu'elles ne marchaient. Les carreaux avaient été lavés et ils laissaient transparaître la verdeur, la lumière du printemps. Nous nous sentions légers comme des ballons multicolores, un matin du quatorze juillet. La douce France était douce, elle avait la peau toute douce, et lui, Audibert, continuait à coller à son banc, à sa chaise.

Inoubliable, incomparable Audibert, j'ai convoqué ton image chaque fois que je me sentais prêt à céder à l'emballement, à la fébrilité, chaque fois que je croyais percevoir des urgences. Ta seule existence (aurais-tu été le seul de ton espèce) rachetait ces millions de véhicules qui vrombissent sur les routes et ces millions de travailleurs qui s'engouffrent dans leurs bureaux ou leurs usines, puis dans leurs supermarchés, puis dans leurs centres de loisirs.

La rédemption de l'humanité n'est pas une affaire de quantité, elle ne se soupèse pas, il me suffit qu'un seul être ait su résister à un affolement que je percevais déjà dans les années pourtant bien tranquilles de 40 à 50. J'aurais pu retrouver ta trace à partir d'un de nos condisciples et, lorsque par hasard j'ai rencontré l'un d'entre eux, j'ai évité de parler de toi. Audibert hors du collège, hors des odeurs rances du réfectoire et de nos salles d'études, était-ce concevable ? J'ai surtout redouté le pire. Si tu t'étais renié, quelle aurait été ma tristesse de t'apercevoir devenu svelte, le veston impeccable, un attaché-case à la main, bondissant d'un taxi pour te rendre à un aéroport. Les souvenirs les plus précieux de mon adolescence auraient été ternis et j'aurais perdu l'image de mon modèle, de celui que je n'ai pas osé être mais que j'ai suivi du regard pendant quelques années de collège, comme si j'avais été son double.

L'univers tragique du fayot

Ce terme de fayot désigne tout aussi bien des féculents, et l'on songe à un monde familier, ronronnant, celui des potaches ou des bidasses, celui aussi des digestions difficiles, des odeurs rances, des plaisanteries convenues. J'ai cru longtemps que le fayotage nous était nécessaire pour nous sentir bien au chaud dans nos popotes et nos réfectoires, ce qui n'était pas peu de chose s'il existe chez l'homme un désir pressant de se vautrer dans la médiocrité, s'il lui est aussi essentiel (plaisant) de digérer que de penser, que de marcher. Le fayotage ne pourrait s'exercer que dans un certain univers de vulgarité. Il tire l'œil dans un univers où la cour de la caserne, le réfectoire, le rata, la corvée de « chiottes » deviennent les obsessions d'une communauté. A une certaine altitude, il faudrait user d'une autre terminologie. Ainsi un capitaine obéit à son supérieur, mais on lui a enseigné que l'obéissance n'impliquait pas la servilité, qu'il y a de la noblesse à servir (l'immensité de l'empire augmentait la profondeur de cet horizon : obéir à Saïgon ou à Fachoda, c'était autre chose qu'exécuter les mêmes ordres à Vierzon ou à Grenoble). L'officier était censé garder sa raideur sous les coups qu'il acceptait sans broncher, dans une sorte d'instance sacrificielle et jubilatoire. Que les coudes des vestes de nos enseignants soient moins usées, que l'haleine des élèves soit moins forte, que la nourriture de nos collèges ne s'apparente plus à la graille, que l'on ouvre toutes grandes les portes de nos internats et de nos casernes, et la figure du fayot devient presque anachronique.

Or, il me semble maintenant découvrir un destin tragique chez le fayot. Je prononce une expression qui a paru convenir à l'œuvre de Pascal, de Racine, de quelques poètes grecs parce que je découvre en lui le même sentiment d'une solitude essentielle. Le janséniste s'abîmait dans l'effroi d'un dieu caché dont il ne pouvait sonder les bonnes grâces, le héros racinien voulait être aimé de qui ne l'aimait pas. Le fayot revendiquait une tendresse dont personne ne voulait. En effet, je ne le crois pas mû au premier chef par l'intérêt. Son besoin de cajoler et de recevoir un regard de reconnaissance s'exerce souvent en dehors de tout espoir d'un gain réel. A la fin de l'année scolaire, le fayot ne se résignait pas à quitter le collège. Il partait à la recherche d'un être à flatter. Puisque nos maîtres étaient invisibles, il espérait rencontrer dans un couloir l'un de nos répétiteurs ou encore, en désespoir de cause, le cuisinier, un aide-cuisinier. Quand il ne pouvait plus donner un objet à sa passion du fayotage, il retombait dans le néant.

Or, les fayots ne pouvaient qu'échouer et je me suis demandé parfois s'ils ne recherchaient pas cet échec. Car ils avaient peu de chances d'obtenir la faveur des enseignants. Par les questions qu'ils posaient après le cours, ils retardaient un maître soucieux de quitter au plus vite la classe. Assailli par l'un d'entre eux, l'enseignant risquait d'oublier un objet sur son pupitre ou de mal ranger ses affaires dans son cartable. Pendant le cours lui-même, le fayot, par son manège, par ses interrogations, son doigt levé, son adoration muette, constituait un écran fâcheux entre les élèves et le maître. Sur un mode plus fondamental, le professeur qui aurait été réduit à récompenser le fayotage et à le susciter aurait démontré à l'évidence son absence de pouvoir charismatique. Bien sûr, je néglige le cas plus rare d'un maître plus raffiné et pervers : il savait intéresser ses collégiens qui, par ailleurs, le redoutaient. Il lui plaisait d'instituer une hiérarchie fondée non plus sur le mérite et les résultats, mais sur la flagornerie et ceci pour savourer dans l'arbitraire son omnipuissance ou encore pour instituer un monde absurde.

Il existe une incompatibilité ontologique entre le charme d'un enseignant et l'encouragement au fayotage. Quand le maître possède la grâce, il exerce son influence à distance, et c'est bien là que réside la merveille des merveilles : qu'il puisse modeler tant d'êtres différents de lui sans aucune liaison de contiguïté, sans la médiation des procédures causales habituelles. Le lèche-bottes transgresse malencontreusement cette distance et il s'approche, autant qu'il le peut, de son professeur. Or, ce dernier, avec une apparente nonchalance, se dérobe à son auditoire par l'ironie, par le clair-obscur des allusions et il attend de ses élèves le même jeu de feintes, les mêmes esquives. Ce n'est pas de la froideur, mais une entreprise de séduction où chacun des partenaires (le maître d'un côté, ses élèves de l'autre) met l'autre au défi de pouvoir le séduire. Voilà qui échappe à la balourdise du fayot qui voudrait que les cartes soient claires et voudrait connaître les moyens de plaire.

Si le fayot avait cherché à circonvenir ses seuls maîtres, il nous aurait paru méprisable et son destin n'aurait pas mérité d'être qualifié de tragique. Il s'agissait de bien autre chose que d'un mouvement de servilité à l'égard des adultes ou des supérieurs (cela, c'était la thèse des collégiens les plus épais). Le fayot fayotait auprès de ses camarades, en leur proposant une part de son goûter, en leur communiquant l'énoncé d'un problème. Il se trouvait que ses camarades, d'une manière peu explicable, ne voulaient pas de ses services ou qu'ils en usaient avec un cynisme délibéré : ils avalaient la barre entière de chocolat que le fayot leur offrait seulement de partager ; ils lui rendaient le livre prêté sans un mot de remerciement et non sans l'avoir écorné. Ne trouvant pas l'amitié escomptée, le fayot en remettait, il se vouait à une surenchère de dons, de concessions ; il allait jusqu'à s'humilier, jusqu'à baiser la main qui le frappait. Il rabaissait ses prétentions, je veux dire qu'il cherchait à gagner les faveurs des camarades encore médiocres qui, à leur tour, refusaient la main qui leur était tendue.

Peut-être me suis-je égaré, ai-je confondu le souffre-douleur et le fayot ? Disons qu'il existe deux sortes de fayot. La première espèce réussit assez bien en ce monde, elle esquive les coups, elle grimpe dans l'échelle sociale. La seconde, moins étudiée, manifeste une revendication (une demande d'amour) qui n'est jamais satisfaite. Ils étaient tout bonnement victimes d'un racisme inconscient. Car, au fond, au-delà des critiques circonstancielles que nous leur adressions, nous leur reprochions d'exister. Quoi qu'ils fassent, ils ne se réhabiliteraient pas à nos yeux. Tel fayot, pour nous prouver son indépendance d'esprit, se montra insolent à l'égard de nos adjoints d'enseignement, il collectionna incartades et sanctions. Nous ne lui témoignâmes pas cette sympathie dont les collégiens font état à l'égard des victimes des autorités. En revanche, une forte tête se permettait de flatter parfois les professeurs, et ceci sans la moindre dérision. Son image de marque ne souffrait pas de ces quelques bassesses. Nous allions jusqu'à lui trouver du culot, et ceux de nos maîtres qui le redoutaient lui savaient grâce de l'armistice fragile auquel il consentait.

Ces réflexions m'empêchaient d'adopter une attitude tranchée et trop sévère à l'égard des fayots. Je me souviens avoir explosé à la suite des sévices graves que l'un d'entre nous subissait. Je sortis de mes gonds non seulement parce que je réprouvais la brutalité elle-même, mais aussi parce que j'avais depuis longtemps le désir de dénoncer la trop bonne conscience de mes camarades. Je pouvais d'autant plus me le permettre que je me montrais distant à l'égard de mes professeurs. Je crois que si je travaillais et si je cherchais à obtenir d'excellents résultats, c'était pour me montrer invulnérable. Ainsi, en latin-grec, je souriais un peu trop, sans raison : je ne peux même pas affirmer que je répondais au sourire d'Athéna (bien trop sage, casquée et rébarbative) ou de Nausicaa déjà épiée par un autre humain. Je souriais comme d'autres croisent leurs mains ou agitent leurs pieds. L'abbé Guillet ne supportait pas ce qu'il considérait comme de l'irrespect. Il me posait des colles, en vain, il me créditait de faux-sens contestables, et je gardais cependant la tête de la classe. Parce que mes camarades me considéraient comme un esprit frondeur et comme ils manquaient de subtilité, ils furent interloqués par ma sortie en faveur d'un fayot. Quelle mouche m'avait donc piqué pour me pousser à défendre Chatrier ? Evidemment, ils crurent s'en tirer en me traitant de pinailleur : « Toi, Sansot, tu auras toujours raison et tu t'amuseras toujours à soutenir des paradoxes.

— Vous avouez donc que je ne fais pas de la lèche.

— Tu plaisantes, tu fais de la lèche à l'envers, tu n'es pas assez imbécile pour te faire démasquer comme Chatrier ou Canguilhem.

— Ecoutez, vous me faites pleurer de pitié avec vos airs

de justiciers à la manque. Toi, Lambert, tu vas à la messe tous les dimanches pour t'allier les faveurs de Marie-Christine et de ses parents.

— Ce n'est pas pareil, Sansot. J'aime Marie-Christine et elle vaut bien une messe.

— Canguilhem, toi aussi, tu guettes un sourire de l'abbé Guillet et, pour dire la vérité, j'hésiterais à choisir entre le sourire de Marie-Christine et de Guillet. Quant à toi, Castels, avec tes cheveux en cascade et ta veste longue jusqu'aux genoux, tu t'applatis devant les zazous, tu espères qu'un jour, par faveur, ils accepteront que tu swingues à l'une de leurs surprises-parties.«

J'en avais trop dit. J'avais dû viser juste. Castels qui n'était pas encore un sociologue urbain renommé me traita de « macaroni » (j'étais né à Antibes, non loin du Fort Carré) : « Tu es un macaroni et tu voudrais nous imposer ta loi. Va plutôt rejoindre les babillas et, si tu en as le courage, endosse la chemise noire de ton père ». Le débat avait monté d'un ton. Nous étions loin des injures homériques que des collégiens encore imprégnés d'une culture classique avaient le goût de s'adresser. Etre traité de « macaroni », voilà qui était grave en une époque où le Duce confirmait ses prétentions annexionnistes à l'égard d'une partie de la France et où les troupes italiennes combattaient, d'ailleurs fort mal, aux côtés de l'armée allemande. A leurs yeux, j'étais tout à la fois macaroni, gitan, Juif, mauvais Français, défenseur des fayots.

Reidsieck, un minable cafard, monta contre moi un certain nombre de mes camarades. Je les estimais capable de me faire passer un mauvais quart d'heure. Je me présentais donc le lendemain au collège avec, dans la poche, le revolver de mon père. A la récréation de onze heures, Reidsieck et quelques malabars s'avancèrent vers moi pour exiger des excuses. Je devrais, de surcroît, ils en étaient ainsi convenus, cracher au visage de Philippe Chatrier, le fayot, rien de moins. Je brandis le revolver et je criai à Reidsieck et à ses acolytes : « Je descends le premier qui ose s'approcher ». Je devais exhiber un air résolu puisqu'ils renoncèrent aussitôt à leur entreprise d'intimidation. A la sortie du collège, mon ami Garcin me demanda avec quelque inquiétude : « Tu leur as fichu une belle trouille, mais j'espère que ton revolver n'était pas chargé ». Il l'était et je crois bien que j'aurais tiré. Pourquoi aurais-je accompli un geste insensé qui m'eût expédié dans une maison de correction dans laquelle j'aurais vécu en compagnie de cafards plus dangereux que Reidsieck ? J'avais l'âge de réfléchir et j'estime que j'aurais ainsi agi en toute lucidité. Je voulais, une fois dans mon existence, me donner ce plaisir, cette chance : exécuter l'un de ceux qui, en toute bonne conscience, poursuivaient le mal et se rangeaient, héroïquement à les en croire, du côté de la majorité. Je ne prendrais plus jamais ce risque mais je me promettais de m'en tenir à cette maxime : dénoncer, autant que possible et sans forfanterie, ceux qui perpétuaient l'injustice quand, du moins, nous arrivions à les désigner sans risque de nous tromper, mais ne pas me joindre à leurs vengeurs quand ils auraient été dépossédés de leur pouvoir. De toute façon, les procureurs ne manqueraient pas et les vainqueurs, de par leur nouvelle condition, n'étaient-ils pas conduits à rejoindre inexorablement les forces du mal ?

Tel était le sens de mon acte qui aurait pu me valoir bien des désagréments alors que je n'éprouvais aucune sympathie à l'égard du fayot Chatrier. Reidsieck et sa bande n'allèrent pas plus loin dans leur entreprise. Ils concevaient, me dit-on, le dessein de me dénoncer auprès des autorités administratives, voire auprès des services politiques italiens. Ils abandonnèrent leur triste projet. La classe eût condamné leur attitude : or, il existait une opinion publique avec laquelle chacun de nous devait composer. Quant au régime de Vichy, il commençait à chanceler. Que mes charmants camarades aient songé à se conduire en délateurs, cette initiative me paraissait merveilleuse de la part d'adolescents qui prétendaient pourchasser les fayots, les faux-culs.

J'oubliais l'incident. L'énigme continuait à me tracasser : nous étions tous plus ou moins des opportunistes et seuls certains d'entre nous étaient persécutés. Qu'en était-il ? Je forgeais l'hypothèse d'un fayot solitaire, maladroit, toujours en porte-à-faux dans ses gestes et ses propos. Les autres hommes se coulaient avec plus d'aisance que lui dans la culture à laquelle ils appartenaient et on les laissait en paix alors qu'ils auraient mérité d'être taxés de conformisme. Le fayot trouvait plus difficilement ses marques. Il courbait l'échine, il souriait à contretemps. A sa manière, il était presque un dissident de la vie sociale.

Je demeurais incertain dans mes conclusions quand j'eus la chance de rencontrer beaucoup plus tard Philippe Pech de la Clause à la terrasse de ce qui fut autrefois le « Dupont-latin ». En ce mois d'août, le quartier Saint-Michel et Paris d'une manière générale bénéficiaient d'un calme tout à fait provincial. Je lui demandais la permission de troubler l'harmonie de l'été par une question quasi philosophique puisque la conduite du fayot, les tourments dont on l'assaillait me paraissaient poser le problème de l'existence du mal au même titre que l'enfant torturé ou le juste crucifié. Même si le scandale était moins patent, son existence m'incitait à fuir au plus vite le monde, mais pour aller où ? L'inquiétude métaphysique se redoublait et elle prenait une nouvelle forme. Philippe Pech de la Clause accepta ma requête de bon cœur. Il avait été lui-même interne et cette figure du fayot l'avait intéressé. Il me demanda seulement de l'accompagner au jardin tout proche du Luxembourg qu'il associait à l'éclat de l'été parisien ; qui sait, quelques-unes des statues qui y figurent représentaient-elles des courtisanes célèbres ? Cette boutade suscita en moi l'inquiétude : n'allait-il pas confondre le courtisan dont on a tant parlé et le fayot ? D'entrée de jeu, Philippe me rassura. Il avait bien compris ce qui était exactement en question. « Tout homme (tout enfant), disait-il, doit accepter un modèle et ne pas se laisser asservir par lui. Il aura recours à une internalisation partielle (ce sont ses propres termes que je reproduis) de l'objet sans laquelle il étoufferait sous le modèle. Les enfants apprennent peu à peu la souveraineté et ils n'acceptent de don que d'une liberté égale à la leur. De là, leur mépris d'une violence inouïe, à l'égard du fayot. Et puis, il fallait croire que certains êtres manquaient de style dans la servilité. Ils souffraient d'« une certaine disgrâce » ». Il était donc nécessaire de faire appel à cette notion floue, à la fois esthétique et théologique, de « grâce-disgrâce » : dans ces conditions, un fayot ne pouvait pas échapper à sa condition, pas plus qu'un rouquin, qu'un bon gros, etc.

Je demeurais méditatif, car Philippe ne manquait pas de persuasion et de rigueur dans l'analyse. Après coup, et quand il m'eut quitté, parce que j'avais l'esprit d'escalier, je soulevais plusieurs objections. Etaient-ils tellement nombreux ceux qui accédaient à l'état de souverains, et alors pourquoi se montrait-on indulgent à l'égard de ceux qui n'avaient qu'un semblant de souveraineté ? N'acceptions-nous de don que de liberté égale à la nôtre ? Quand nous aimions et que nous étions aimés, ne recevions-nous pas comme un bienfait du ciel la présence d'êtres que nous fascinions et qui, pour quelques mois, vivaient dans notre ombre ? Nous demandions à l'être asservi de se reprendre, mais s'il ne se relevait pas, il continuait à garder tout son prix. Nous avions seulement conscience de ne pas mériter cette attitude adorante. Nous avions un peu honte et nous nous jurions d'être un peu plus attentifs pour ne pas le décevoir. Enfin, il existait des êtres disgracieux, franchement désagréables, auxquels selon moi on pardonnait bien des incartades et qui ne soulevaient pas la suspicion qui frappait les fayots. Leurs disgrâces constituaient parfois un atout sérieux dont ils savaient user. Avec leur caboche mal fichue, leur volubilité désagréable, ils existaient un peu plus que les autres. Ils avaient le culot de leurs difformités physiques ou morales. Nous n'oublions pas une gueule comme la leur et, par la suite, nous en parlions dans nos dîners comme si nous avions eu la chance de rencontrer une laideur exceptionnelle.

Les deux fayots

Existe-t-il un héritage de la race des fayots ? Une telle question devrait intéresser au premier chef les psychologues, les sociologues, les généticiens, les hommes politiques, les futurs parents. Pour ma part, je n'ai pas cru remarquer une réelle et nécessaire transmission de cette aptitude (ou de ce vice). Tel de mes camarades était une tête de mule, un cabochard. Il collectionnait les blâmes et les retenues — tout en ayant, pour père, un être des plus onctueux. En revanche, un fayot de première lignée comme Reidsieck avait été engendré par un vieil anarchiste qui n'avait jamais renié sa devise « Ni dieu, ni maître ». L'association par paires de fayots (père et fils) était si peu fatale qu'elle nous paraissait incongrue, amusante, quand, par hasard, elle se produisait, comme ce fut le cas avec les Contensouzac.

Le fils fut mon camarade de la quatrième à la seconde. Il inscrivait en tête de toutes ses copies — et même des copies de maths où il n'avait pas été particulièrement inspiré par le Saint-Esprit — « Jésus, Marie, Joseph ». L'encre rouge abondante qui soulignait toutes ses fautes de raisonnement ne pouvait passer pour un rappel du cœur du Christ qui continue de saigner pour notre rachat. Il riait à la plus piètre astuce de nos professeurs. Il s'y prenait même parfois trop tôt, cassant ainsi l'effet escompté de notre bateleur de maître. Le père, René Contensouzac, huissier de son état, fréquentait le beau monde, expédiait une lettre émue de félicitations au moindre promu de l'instruction civique ou du mérite agricole. Si chacun de nos deux larrons s'était cantonné dans son propre territoire (de la lèche), les choses n'auraient pas été piquantes. Mais, en vertu d'une réelle et louable émulation, ils entendaient chasser et exceller dans le domaine de l'autre. Gaston (notre camarade) exécutait des ronds de jambe auprès de la femme du sous-préfet. Il félicitait le président du Rotary de notre petite ville pour l'œuvre philanthropique dont il s'occupait. « Il n'espérait pas, un jour, obtenir le prix que ce club décernait à un élève particulièrement méritant. Non, là n'était pas son ambition. Plus tard, il mettrait tout en œuvre pour que le Rotary de Villeneuve-sur-Lot continue à rayonner et ne démérite pas de la Région Guyenne. » Contensouzac père n'arrivait pas à placer un mot. Lorsqu'il articulait quelques phrases, elles tombaient dans le plus grand silence. Car tous ces messieurs-dames étaient attentifs à ce nouveau saint Jean-Bouche-d'or qui comprenait à quel point l'or des riches embellissait la parure du diadème social.

Comme ils étaient drôles tous les deux, cherchant à se rattraper ou à se dépasser mutuellement ! Leur petite taille (ils mesuraient l'un et l'autre environ un mètre soixante), leur identique silhouette (tous deux de jambes courtes, avec un début d'embonpoint chez le plus jeune) les rendaient jumeaux. C'était à qui inventerait et oserait la caresse la plus experte auprès des supérieurs de tous ordres. De toute évidence, Gaston se montrait le plus vif. Son père, pour ne pas être distancé, s'emparait de toutes les occasions propres à combler son retard. Dès qu'il avait vent de l'incartade de l'un d'entre nous, il téléphonait au censeur, au père du malheureux garçon. Comme ceux-ci réagissaient avec trop de mollesse, il quémandait un entretien auprès du Supérieur en personne. A la fin d'un banquet qui avait rassemblé d'anciens élèves de l'établissement et les plus grands d'entre nous, il avait déclamé, avec tellement d'ostentation, les vertus du collège, que les pères eux-mêmes en étaient gênés et avaient couvert les dernières phrases de ce discours emblématique d'un « Deo Gratias » prématuré. De toute évidence, le coup était nul et il n'avait pas gagné un centimètre sur son fils dans cette course à la lèche. Bien au contraire. Ses joues se creusaient. Il avait du mal à se réveiller après des nuits d'angoisse. Dans de telles conditions, quand il avait à saisir les meubles d'un locataire négligent, il arrivait souvent trop tard — alors que les mauvais payeurs étaient déjà partis à la cloche de bois.

Il crut cependant rétablir la situation dans les conditions suivantes. Nous étions soumis, tous les jeudis après-midi (de 14 heures à 18 heures) à une promenade collective. Par bonheur, notre répétiteur, de concert avec l'adjointe d'enseignement qui avait la responsabilité des filles du pensionnat Sainte-Catherine, leur avait donné un tour plus agréable. Le père portier nous laissait sortir quand il ne trouvait rien à redire à nos ongles bien récurés, à nos chaussures bien astiquées, à nos pantalons-golf au pli impeccable. Nous entamions alors notre promenade. Le répétiteur et l'adjointe d'enseignement éprouvaient l'un pour l'autre de tendres sentiments qui les rendaient distraits à l'égard des adolescents qui leur avaient été confiés. Garçons et filles se livraient à des jeux de toutes sortes : à cache-cache, à colin-maillard, à chat perché. Que d'agaceries et de rires derrière des buissons qui incitaient à des gestes plus audacieux ! Cependant, nous demeurions à peu près sages, et puis, à la nuit tombante, nous rentrions à nos collèges, les joues en feu, les yeux battus. L'un de nous aperçut maître Contensouzac, caché derrière un buisson, en train de nous épier. Le jeudi suivant, il laissa tomber une brindille qui nous alerta et dévoila sa présence. Nous en conclûmes que maître Contensouzac n'était pas le petit saint que l'on croyait et qu'il prenait même plaisir à se rincer l'œil avantageusement. Les plus réservés d'entre nous se cabrèrent à l'idée d'avoir été épiés par un voyeur. D'autres, plus effrontés, se réjouissaient et pensaient que ce farouche défenseur de la vertu devait tirer la langue en observant des jeux dont il était exclu.

La vérité — invraisemblable — se situait ailleurs. Maître Contensouzac ne se conduisait pas comme un vieux polisson mais comme un huissier du vice et du crime. Il prenait des notes, il relevait des noms comme un vulgaire flic. A la fin du trimestre, il fit parvenir au Père supérieur et à la Mère supérieure un rapport rédigé en bonne et due forme : « Moi, René Contensouzac, huissier à Villeneuve-sur-Lot, déclare, sous la foi du serment, avoir assisté aux faits suivants… » Avec une honnêteté louable, notre délateur restituait tout ce qu'il avait été en mesure d'observer. Ainsi, et il le précisait dans son rapport, il ne pouvait pas affirmer si la main de l'élève Sella qui avait plongé dans le corsage d'une collégienne en avait atteint le téton. Un relevé aussi minutieux, digne du meilleur limier du Lot-et-Garonne, gênait les autorités religieuses qui censurèrent bien des passages du rapport, quand il nous fut lu dans la cour, devant tout le collège rassemblé — à l'exception des petites classes. J'imagine que quelques bonnes sœurs rougirent à sa lecture. Notre supérieur, soucieux des élèves sans lesquels l'établissement aurait disparu, étouffa le scandale. Une fois de plus, le père Contensouzac avait raté son coup. On se contenta de renvoyer ce surveillant que nous aimions beaucoup parce qu'il était le plus fou et le plus romantique d'entre nous.

A la suite de ce renvoi, mes camarades décidèrent de s'en prendre au fils puisqu'ils ne voyaient pas comment punir le père. J'étais, pour ma part, plus indulgent et je leur demandais de ne pas user de telles représailles. Au fond, l'aventure, malgré ce dénouement regrettable, me paraissait cocasse, attendrissante. Ce père et ce fils se conduisaient comme deux jumeaux. Ils exprimaient, à leur manière, dans cette course à la lèche, leur amour. Il suffisait d'apercevoir avec quelle alacrité ils se promenaient dans la rue. Main dans la main, oserais-je ajouter métaphoriquement. Ils bondissaient beaucoup plus qu'ils ne marchaient. Ils se disputaient la main de la femme du sous-préfet pour la baiser, pour exécuter une même danse fantastique autour du Père supérieur. L'amitié d'un père et d'un fils — lorsqu'elle évite les deux dangers contraires d'une camaraderie excessive ou d'un maternage trop anxieux — m'a toujours parue chose rare, précieuse, délicate. J'ai regardé, dans la suite de mon existence, ce qu'il en était de cette sorte d'affection. Je ne l'ai jamais rencontrée aussi inventive, aussi joyeuse que chez les Contensouzac, père et fils.

J'ajouterai une autre raison à mon admiration qui ne se rapporte pas à ce type de relation ou même à l'art du fayotage, tel qu'il peut être pratiqué avec superbe. Nous étions, pour la plupart, fascinés par la paire : non point le couple, ce qui constitue un phénomène banal, mais par la paire. Dans la maison close de Villeneuve-sur-Lot, les plus demandées étaient deux pensionnaires qui se prétendaient sœurs et inséparables jusqu'au lit. Le magasin, autour duquel nous aimions rôder, était « tenu » par deux messieurs qui, par ailleurs, vivaient séparément. Nous connaissions de réputation un borgne qui « s'était fait » avec une boiteuse. Ils couraient (de quelle manière) les bals où ils déclenchaient des bagarres innombrables. Il ne suffit pas d'être deux pour constituer une paire. Les Contensouzac avaient eu le mérite de transformer la dualité en une dyade.

Madame Contensouzac offrait un tout autre visage. Droite, presque raide, plus grande que son mari, plutôt distante, même lorsqu'elle nous donnait à goûter ou qu'elle nous demandait des nouvelles de nos parents. Elle évitait les mondanités. Son regard, en l'absence de paroles, portait des jugements sans appel sur la comédie sociale et l'hypocrisie qu'elle suppose. Nous imputions cette réserve et cette droiture à ses origines huguenotes. Mais je découvrais aussi en elle une tristesse dont je croyais avoir décelé la source. Elle ne pouvait pas, elle ne voulait pas se mêler aux ébats communs et surprenants de son mari et de son fils. Elle comprenait la subtilité et la richesse de leurs rapports. A sa manière, elle se sentait exclue des êtres les plus chers de sa famille.

Leur destinée étonnera le lecteur, comme il surprit les habitants de Villeneuve-sur-Lot. Le père avait adhéré en 1941 à la légion. Mais il n'était pas le seul à avoir chanté, en cette époque, « Maréchal, nous voilà ». De surcroît, sa femme venait en aide à des familles juives en difficulté. En 1943, quand cela sentait le grillé pour les collaborateurs, il aurait pu se ranger du côté des partisans du général de Gaulle — et cela d'autant plus aisément qu'il n'avait jamais pris le parti de Vichy. Or, précisément, il choisit ce moment pour s'engager dans une autre légion, celle de L.V.F. Il partit en décembre 1943 pour la Russie. J'ai de la peine à l'imaginer, lui, si petit, habitué aux délicatesses du Bergerac ou du Saint-Emilion, très soigné de sa personne au milieu d'une faune étrange et rude. Comme il devait flotter dans des vêtements qui n'avaient pas été taillés à sa mesure ! Et dans quelles conditions avait-il pu endurer la débâcle de la Russie, sous la neige, dans un vent glacial, parmi toutes sortes de charognards ? Il revint en 1945, fut emprisonné et condamné à dix ans de prison. Il en sortit méconnaissable, taciturne, mais son regard exerçait une force impérieuse, à la limite du supportable. Il avait pris pour habitude de se rendre à notre bibliothèque où il redemandait toujours les mêmes ouvrages. Que pouvait-il faire d'autre ? S'il lui avait pris la fantaisie de revenir du côté des fourrés où il faisait le guet, il aurait découvert un ensemble attristant de petits pavillons.

Quant à son fils, le bouillant et sémillant Gaston, il fut lauréat de la faculté de Droit de Bordeaux. Son éloquence réveillait les vieux amphithéâtres de cette université prestigieuse. Devenu avocat, il avait défendu avec bonheur quelques affaires célèbres devant le Tribunal de grande instance de Bordeaux. Il ne nous oubliait pas. Il avait payé de sa personne pour redonner du lustre à notre équipe qui jouait les premiers rôles dans le championnat à XIII de France. Nous fêtions de temps à autre — nous, les obscurs — sa réussite qui eût dû tempérer l'amertume de son père. Or, Gaston disparut au moment de l'O.A.S. : il avait fait la guerre d'Algérie et il était allé rejoindre quelques camarades d'infortune. On retrouva, du côté de Blida, son corps torturé à mort sous les coups des barbouzes.

Nous nous trouvions confrontés à une énigme insoluble. Ces deux hommes étaient assez intelligents pour percevoir le sens de l'histoire. Il ne leur était même pas demandé d'être opportunistes — seulement de ne pas se montrer cabochards. Or, malgré ce que nous savions d'eux, ils avaient choisi consciemment d'être broyés par une Histoire impitoyable et rejetés par ceux-là mêmes qu'ils avaient courtisés. Que signifiait donc leur fayotage ? Et ce mot avait-il encore, en ce qui les concerne, la signification que nous lui accordons ? Un jeu ? Ils collectionnaient les poignées de main, les regards bienveillants comme d'autres amassent des timbres-postes, des médailles ? Se moquaient-ils, dans leur for intérieur, de ceux auprès desquels ils soupiraient ? Etaient-ils écœurés de la comédie sociale, tellement écœurés qu'il fallait en remettre — et montrer, à l'évidence, que nous autres, les demi-révoltés, les âmes nobles, les cœurs impétueux, étions en vérité des lâches, des lèches-bottes. Ou encore — et nous n'avions pas su le percevoir —, avaient-ils tacitement déplacé le terrain de leur belle et fraternelle rivalité : celui d'un affrontement à la mort, à une mort dérisoire ? Et, cette fois encore, c'est le fils qui l'avait emporté.

Ainsi meurent parfois les fayots !

Le Maître

Nous nous souvenons tous de telle ou telle figure d'enseignant. Nous leur accordons même un génie, une originalité qu'ils n'eurent jamais à ce degré, comme s'il fallait que notre passé prenne un air de légende et que nous ayons côtoyé dans notre adolescence des monstres sacrés. C'est pourquoi je ne prise guère que l'on parle de l'Education nationale comme d'une immense entreprise. Nos lycées et collèges s'apparentent, devraient s'apparenter davantage à un territoire étrange qui possède des hydres, des dragons, de bons géants, des fées, des magiciens, des hespérides plus qu'à une gigantesque machine à dispenser du savoir. L'important, ce n'était pas ce que nous apprendrions mais quels êtres délicieux ou franchement terrorisants nous rencontrerions. Quel soulagement quand parfois, l'année terminée, le cauchemar avait cessé, surpris que nous étions de nous retrouver sains et saufs après l'épreuve, ou, parfois encore, quel regret de ne plus entendre la musique enchanteresse d'un certain maître! Je veux oublier ici les visages de nos enseignants ou, plutôt, je veux les retrouver à propos des objets-totems autour desquels nos classes se rassemblaient. Je ne crois pas que ces objets aient eu en soi une qualité poétique. Les uns et les autres tiraient leur pouvoir de cet univers irréel (surréel) qu'était le collège et, pour convaincre le lecteur, pour le taquiner, je m'attarderai volontiers sur le bureau qui est pour beaucoup un signe de lourdeur, de pesanteur laborieuse et sur l'estrade qui semble contrarier notre esprit démocratique d'égalité.

Le maître avait donc un bureau. Ce n'était point un parallélépipède sur lequel il posait ses affaires pendant une heure ou deux : j'ai connu en faculté des collègues qui n'allaient jamais jusqu'à leur chaire ; ils posaient leurs fesses sur un coin de la table et ils parlaient ainsi perchés pour manifester leur désinvolture, leur aisance, un semblant de camaraderie. En fait, d'une manière que je déplore, ils manifestaient à quel point ils avaient perdu le sens du sacré. Le bureau constituait pour le maître son lieu propre auquel il revenait, même s'il s'en écartait, sur lequel il disposait avec ordre quelques objets comme sa montre, un cahier, des pastilles pour sa gorge. Quand le maître demandait à l'un de ses élèves de venir à son bureau, nous comprenions que l'affaire était sérieuse et qu'elle dépassait le jeu des sanctions habituelles. Notre camarade risquait d'être dégradé publiquement et il lui faudrait obtenir sa réhabilitation. Dans un monde que l'on suppose bien morne et soustrait à la turbulence, les éléments privilégiés de la classe existaient avec une telle force qu'ils rendaient cet espace scolaire soumis à des forces, à des appels, à des trajets virtuels. Aller au bureau mais aussi aller au tableau : non point seulement pour manifester son savoir ou pour exercer son intelligence mais pour devenir la vedette ou la victime expiatoire d'un moment qui pouvait se prolonger, et répondre pour toute la classe devant le parterre des figurants qui n'avaient pas le droit de « souffler ». Comme nous étions malicieux et observateurs, nous regardions la manière dont notre camarade se rendait au tableau et nous devinions déjà le degré de son embarras ou, au contraire, de sa confiance. Il arrivait que l'élève s'en tire fort mal. Le maître aurait pu le renvoyer à sa place pour que nous ne perdions pas notre temps. Il préférait le laisser mariner et les minutes paraissaient longues à celui que l'on toréait. J'ai assisté à de curieux renversements de situation. Le dos au mur, l'un de mes camarades trouvait enfin des ressources suffisantes pour reprendre l'initiative comme cela se produit sous l'effet du désespoir quand un joueur de tennis empoche l'ultime jeu qui aurait permis à son adversaire de gagner, puis sort vainqueur du set et enfin l'emporte. Yves Chalas qui, de nature, était le plus joueur d'entre nous, avait pigé le truc et, au début, il avait ainsi pris quelques-uns de nos maîtres à leurs propres pièges. Il faisait mine de cafouiller lamentablement et, au moment où le professeur commençait à perdre patience et avait déclaré qu'il aurait tout intérêt à devenir coiffeur (pourquoi coiffeur !), il disséquait comme il convenait une phrase de latin ou il transformait l'équation qu'il avait à résoudre. Le professeur était confus. Il lui était impossible de féliciter un élève auquel il avait promis le bagne parfumé des salons de coiffure. Alors Chalas regagnait sa place encore plus droit que d'habitude, sa crinière blonde soulevée par le vent de la victoire, et il s'asseyait avec une feinte modestie qui ne trompait personne. L'un de nos maîtres se piqua au jeu : il lui avait donné à traduire en latin deux ou trois phrases apparemment simples de notre langue. L'exercice semblait à sa portée. Tout se déroulait comme prévu : faux embarras, invectives du maître avec une variante puisqu'il parlait maintenant d'un salon de coiffure pour dames, traduction convenable de l'élève Chalas. Hélas pour notre ami, la phrase proposée comportait un certain nombre de difficultés peu visibles et notre professeur se vengea en soulignant « faux-sens » et « entorses » à la syntaxe latine. Il s'était vengé. Ce verbe ferait frémir bien des pédagogues. Un enseignant, de nos jours, doit, par principe, se montrer bienveillant et neutraliser ses affects. Point de transfert, de contre-transfert. On le suppose psychothérapeute comme s'il avait affaire à de petits malades ou psychanalyste comme si ses élèves reposaient sagement sur un divan. Un tel sentiment de la part de nos maîtres ne nous choquait pas et nous admettions même quelque duplicité dans leur cœur. Nous étions les uns et les autres confrontés à un jeu qui comportait un certain nombre de règles et, en même temps, leur possible transgression dans des limites déterminées. A nous de triompher et nous ne manquions pas d'armes. A Villeneuve-sur Lot, maîtres et élèves continuaient à marauder, à braconner, à ruser comme les paysans et les commerçants dont nous étions tous les enfants. Certains de mes camarades prétendaient même qu'ils rencontraient nos professeurs dans l'unique bordel de la ville.

L'estrade avait le mérite de démultiplier un espace qui, sans elle, aurait été homogène et ennuyeux. D'une telle estrade qui nous rappelait celle des joutes électorales ou des foires, un enseignant se devait d'être éloquent. Cette comparaison avec les foires, celles de mon Lot-et-Garonne, n'a rien de désobligeant. Sous les halles qui étaient en général anciennes et qui se trouvaient près des bastides, on dressait une estrade destinée à l'orchestre, à ses musiciens et à ses chanteuses. Il nous faisait danser le samedi soir, l'après-midi du dimanche et pendant toute la nuit avant de restituer les halles aux marchands de volailles et de légumes. Enseignant, j'ai connu l'ivresse du musicien, du chanteur tellement enviée. Mes élèves attendaient de moi une représentation ; ils ne seraient pas déçus. Je les déconcertais, j'imprimais à cette foule (à cette houle) des flux

daient pour lire les résultats trimestriels, je me sentais impatient ; je trouvais incongru qu'ils en prennent ainsi à leur aise sur un territoire qui m'appartenait. Je leur aurais concédé au maximum le droit de demeurer sur le seuil de la classe ; j'aurais admis que de la porte, ils fassent leur travail. Volontairement, je me mettais non point à côté d'eux, mais au milieu de la classe pour marquer qu'il n'y avait pas de cohabitation possible. Puis nous respirions quand les autorités administratives nous avaient quittés : les adolescents, parce qu'ils n'avaient plus à adopter une attitude cérémonieuse et parce qu'à cette époque les résultats étaient assortis de quelques sanctions ou de quelques menaces, et moi-même, parce que je retrouvais mon jardin intérieur.

Dans un jardin, on rêve, on boude, non point parce que la vie nous réserve des désagréments ou par caprice, mais pour retrouver notre enfance, notre goût, oui, le goût de soi. Je boudais ou je ronchonnais ou j'adoptais un ton impersonnel pour développer le thème du jour. Les élèves en avaient conscience. Ils se recroquevillaient, ils attendaient avec une patience que j'admire maintenant que « cela me passe ». Ils savaient que ce n'était pas le moment de me poser une question, même pertinente, mais qui m'eût tiré de ma bouderie. L'un d'eux me tendait, en quelque sorte, la main par un regard doux-amer, par une mimique drôle, ou encore j'avais honte de les attrister — et si, à leur tour, ils allaient me bouder ? Ou encore, parfois, je sortais de cet état par une belle colère à l'égard d'une pensée à la mode qui libérait mes humeurs et me rendait au monde. Romantique et fleur bleue (je le suis encore), je me disais qu'un professeur devrait mourir sur son estrade (je n'imaginais pas le tohu-bohu qu'auraient entraîné de telles morts, surtout répétées dans un établissement), et non, bêtement, dans son lit ou sur la route. Rendre notre dernier souffle là où, pour la première fois, la parole nous avait visités. En attendant, c'était une sorte de bunker en novembre, en décembre, quand, partout ailleurs, il pleuvait, il crachotait et il faisait triste. Nul ne pouvait m'atteindre quand je me trouvais à l'intérieur de ce carré magique. J'avais la prétention de savoir qui j'étais : en termes plus modernes, je procédais à mon auto-évaluation, hors des notes que l'inspecteur général ou le proviseur m'attribuerait. Je savais bien à quels moments je brûlais les planches et les esprits et à quels instants je me démenais en vain comme un pantin dans le vide.

Je n'admettais que l'on fasse effraction dans cette intimité qu'en une seule circonstance. Au début de chaque trimestre, le censeur montait sur l'estrade pour dicter à mes élèves le calendrier des compositions. Telle semaine de novembre était réservée aux sciences naturelles et, à la fin de ce même mois de novembre, ils composeraient en histoire et géographie. On m'avait réservé la première semaine de décembre. J'étais heureux. Je scrutais en même temps que mes élèves le parcours de ce premier trimestre, avec ses virages, ses encombrements, ses périodes de relâchement, ses faux plats. Alors que je ne fréquentais pas outre mesure les collègues qui enseignaient eux aussi à mes élèves, j'aimais entendre cette conjonction des différentes disciplines. Pour une fois, j'étais ravi de sortir de ma solitude pour connaître le calendrier qui réglerait les gestes et les jours de mes élèves et ainsi pressentir leur nervosité ou leur pâleur. Certains de mes collègues affectionnaient les interrogations-surprise, les uns par méchanceté, pour se prouver à eux-mêmes qu'ils enseignaient à de sinistres crétins (mais quel bénéfice tiraient-ils de ce supposé constat ?), les autres pour maintenir la pression sur leurs élèves et leur apprendre la vivacité (mais avaient-ils à former de futurs cadres et des bêtes à concours?). Quels imbéciles! Ils ignoraient donc tout de la beauté de cette liturgie scolaire. Ils devaient, chez eux, mélanger l'ordre des plats et des vins, s'extasier sur de médiocres paellas ou sur des escalopes de veau à la crème et au whisky.

N'imaginons pas que des hommes médiocres se rehaussaient automatiquement grâce à ces quelques centimètres posés sous leurs pieds. Au contraire, l'estrade pouvait constituer un danger. Quand le maître inscrivait des formules sur son tableau et qu'il tournait le dos à son public, il devenait une belle cible. Si, par malheur, il n'avait pas apprivoisé sa classe, les choses risquaient de se gâter. Je me souviens d'un professeur de sciences naturelles plutôt sympathique, mais qui s'y était mal pris avec nous. En outre, il zozotait ou encore il se trompait dans les planches anatomiques qu'il nous présentait. Quoi qu'il en soit, nous prîmes l'habitude de le bombarder avec des sarbacanes. Nous étions enchantés de jouer les indiens et d'exercer notre adresse. Un mardi après-midi où nous étions particulièrement survoltés car nous avions eu à composer le matin et en latin et en mathématiques, les boulettes sifflaient dru et, comme nous étions devenus habiles, elles atteignaient notre professeur dans une proportion élevée. Tout à coup, il se colla au tableau, bras et jambes écartées, dans une posture extatique. De toute évidence, il ne cherchait pas à nous désarmer en faisant le pitre et il n'avait pas perdu la raison, il s'offrait avec jouissance à nos coups. Nous fûmes saisis par ce que cette situation avait d'étrange, voire d'obscène, et, sans avoir à nous concerter, nous cessâmes de le bombarder. Les plus dessalés d'entre nous avaient été choqués par cette manifestation fulgurante de l'Eros. Hélas, malgré cette subite et totale accalmie, notre saint Sébastien demeura en transe pendant quelques moments qui nous parurent pénibles. Nous ne fûmes pas tentés de le transpercer. Bien au contraire, nous soupçonnâmes à l'avenir chez lui des gestes qui étaient peut-être innocents : s'il écartait les jambes, s'il avançait son buste vers nous, nous détournions aussitôt notre regard. Nous en étions venus à soupçonner les propos les plus précis et les plus scientifiques de notre maître, comme si la connaissance du corps, malgré ses titres, ne pouvait être que fantastique, comme s'il voulait nous entraîner dans une commune perversion intellectuelle. Ainsi les glandes endocrines pouvaient-elles être aussi nombreuses et avoir des effets aussi considérables en dépit de la petitesse de leur taille ! Nous allions vérifier ses dires sur nos livres et ils auraient dû conforter ce qui nous avait été enseigné. Nous ne révisions pas pour autant notre jugement, si grandes étaient nos réticences. Je me souviens encore d'un fait très précis. Notre professeur nous avait parlé de certains peuples (créoles) qui parfois se faisaient « défriser » pour échapper à la marque de leur origine. J'ai su par la suite que ce trait culturel existait et qu'il se comprend fort bien. Or, nous avions le sentiment que notre maître nous abusait (en effet nous étions fiers d'avoir des crans ou d'être frisés), qu'il voulait induire en nous une autre perception de notre corps, qu'il cherchait en quelque sorte à le travestir du dedans par le pur savoir et par la parole.

Ce même enseignant avait la charge de tous les règnes de la nature, y compris celui du règne animal. C'est pourquoi il nous emmenait parfois dans les environs de Nice. C'était le mois d'avril et nous nous étions rendus à Saint-Pierre-de-Féric, au milieu des oliviers qui tremblaient dans la lumière du printemps. Il nous apprenait à distinguer les pierres, les roches. Nous nous étions arrêtés, les uns pour souffler, les autres pour goûter. L'un d'entre nous, d'une manière mécanique, avait expédié une pierre devant lui, une pierre aussi tranchante que cette lumière vive, sans faiblesse, que ces arbres dans leur jeune vigueur. Un autre de mes camarades l'imita et, dans une sorte de mirage, nous ressentions l'approche possible d'une lapidation. Nous étions victimes d'une hallucination collective : nous revivions à travers ce jardin des oliviers la scène de l'estrade qui nous avait si vivement marqués. Notre professeur, une homme encore jeune, au visage tourmenté, éclairé du dedans, aux gestes inspirés, élevait devant nous une roche à la façon d'une hostie, il la portait à la lumière, à mi-hauteur des oliviers. Son intelligence, sa grâce juvénile, son geste quasi rituel risquaient de précipiter notre désir de meurtrir et de fragmenter une silhouette déjà éclatée. Serions-nous passés à l'acte qu'il ne se serait pas dérobé, que là encore, comme sur l'estrade, il se serait offert en victime au sacrifice, qu'il aurait peut-être déchiré ses vêtements pour que l'offrande soit plus totale. Nous étions au bord du drame. Dans un dernier sursaut, nous partîmes en courant, dévalant la pente en direction de Nice au risque de nous faire écraser, et, rendus au lycée Masséna, nous nous enfermâmes dans la première permanence libre. Notre professeur avait cru que nous avions voulu « sécher » ces sortes de travaux pratiques à l'air libre pour aller au cinéma ou pour rejoindre de petites amies ou tout simplement pour nous dorer sur la promenade des Anglais. Il revint au lycée ; il conta sa mésaventure au censeur qui fut étonné de nous trouver aussi sagement assis dans une permanence. Nous en avions encore le souffle coupé. Nous étions livides. Pas un mot devant les remontrances et les demandes d'explication. Quand on a échappé de justesse au désir de tuer, on n'est plus le même. Notre classe avait vieilli d'un coup et, par exemple, il y avait des blagues innocentes dont nous ne savions plus rire.

Le concours général

Le concours général m'est apparu, en ces années-là, comme l'instance la plus merveilleuse de la féerie scolaire. Il s'agissait d'une pure rêverie puisque je n'ai jamais prétendu figurer parmi ceux qui étaient autorisés à composer. Ce concours exaltait à la fois les disciplines, les lauréats et la France. Nous lisions, sur le journal, en juillet, alors que nous étions installés dans la paresse des vacances, le nom de celui qui avait obtenu le second prix de thème latin ou le premier accessit de physique ou le premier prix de mathématiques. Donc, la chimie cessait d'être une matière que l'on enseignait devant une trentaine d'élèves et le thème une source de solécismes et de barbarismes proposée à l'ennui de quelques adolescents blasés. La chimie devenait une discipline enseignée dans nos quatre-vingt-dix-neuf départements, la langue grecque (sous les formes de la version et du thème) était chantée par d'innombrables jeunes gens de toutes sortes de collèges.

En un jour solennel, dans un amphithéâtre de la Sorbonne, en présence du ministre de l'Education nationale, c'était d'abord la fête de ces nobles Matières avant d'être celle des collègues. Sur un mode antique (peut-être ionien, peut-être dorique), à l'instar des muses réconcilées, Lettres et Sciences formaient le cortège des humanités. On oubliait, ce jour-là, les livres chiffonnés, les copies froissées, les après-midi où la digestion avait été particulièrement difficile, la panique de ceux qui auraient voulu comprendre, progresser et qui n'y arriveraient jamais, certaines formes de chahut ignobles, les boules puantes, les têtes caricaturales ou caricaturées de certains maîtres. Nos Disciplines avaient la sérénité de celles qui ont déboîté du temps et connaissaient dès maintenant les délices de l'Eternité. Peut-être la Chimie donnait-elle le bras aux Mathématiques, à moins qu'elle n'ait préféré celui de la Dissertation française. La Géographie avait cru bon de ne pas s'allier à l'Histoire, elle faisait un brin de causette avec la Version anglaise. En cours d'année, elles s'entassaient en vrac dans nos cartables, dans nos esprits. Nous savions bien que l'accent ou l'aoriste en grec et la formule de l'oxyde de carbone n'avaient aucun rapport entre eux. Il n'empêche que nous les engloutissions pêle-mêle. Il fallait ce jour glorieux pour qu'elles retrouvent leur rang, leur distinction, singulières, augustes et cependant bienveillantes les unes à l'égard des autres.

Les lauréats de ce concours bénéficiaient, à mes yeux, de la même assomption. Par le fait du hasard et de mes études, j'ai connu des êtres qui ont été reçus premiers à l'Ecole normale supérieure, à « Centrale », à une agrégation. Quand je préparais un livre sur la ville, des prix Goncourt (si je puis ainsi m'exprimer), Jean-Louis Bory, Edmonde Charles-Roux, Armand Lanoux, me reçurent avec une extrême gentillese. J'ai pu converser longuement avec Michel Butor ou Michel Tournier. Malgré leurs qualités de cœur et d'esprit, je les percevais comme des hommes parmi les autres. Je ne leur déléguais pas cette place, cette « aura » qui me fascinait chez les lauréats du concours général. Pourquoi cette différence qui ressemble un peu à celle qui sépare le surnaturel du naturel? Cette jeune fille de Béziers avait obtenu le second prix de Dissertation française et ce garçon du lycée Saint-Charles de Marseille le second accessit de Mathématiques. Un élève de Briançon, dont les parents parlaient italien, s'était vu décerner un prix de Version allemande, devançant ses camarades de Strasbourg ou de Metz. (J'oubliais volontairement ce que la lecture attentive, émue des résultats m'apprenait. A savoir que la moitié des lauréats étaient des élèves des lycées parisiens. Je n'avais de regard que pour les provinciaux.) Ils avaient donc tous composé à la même heure dans tout le pays et voilà que Bergerac avait été préférée à Toul, à Lyon, à Rouen. L'image de la France que j'avais héritée de l'école primaire, à laquelle je tenais par-dessus tout, se reconstituait miraculeusement. Une fois dans leur existence (ou si l'on veut bien, deux fois pour certaines épreuves comme les mathématiques), des Français et des Françaises trouvaient l'occasion de se confronter à tous les jeunes gens d'une même génération. Le baccalauréat me paraissait trop régional (les sujets variaient avec les académies). Les autres grands concours s'adressaient à une élite qui avait choisi une filière déterminée, dans les sciences, les lettres ou l'administration. Bref, rien n'égalait le concours général dans ce rassemblement intellectuel d'une nation.

J'étais sensible à ce qu'il comportait d'éphémère, car je pensais alors que nous trahissons au plus vite notre adolescence. Ce concours se passait à la fin avril, à l'instant le plus fugace, le plus indécis de l'année scolaire, lorsque le troisième trimestre se débusque pour s'achever au galop. Quand les mauvais élèves révisent ce qu'ils n'ont jamais appris et que les bons s'aperçoivent qu'ils n'ont rien retenu de ce qu'ils croyaient savoir sur le bout des doigts (mais quelle idée que de se fier à ses doigts!), quand chaque soirée constitue un déchirement, un choix entre le travail et la douceur d'un printemps qui durera à peine quelques journées. J'imaginais mes lauréats et mes lauréates, infiniment fragiles malgré l'éclat de leur réussite: vulnérables à la beauté et à la solitude et à la médiocrité qui constituent l'essence du monde. Ils perdraient bien vite cet état de grâce, tout comme ces artistes qui, après un premier roman remarqué, gribouillent de mauvais papiers, ou encore ils s'enflammeraient dans une spécialité et ils perdraient cette marque de l'adolescence qui se reconnaît à l'arc-en-ciel des possibles que l'on parcourt, du thème grec à la physique.

De vrais fiancés pressentant les mystères d'une existence au bord de laquelle ils hésitent à s'engager. Des fiancés dont ils avaient l'allure avec leurs belles robes et leurs costumes endimanchés qu'ils avaient endossés pour se rendre à Paris et recevoir les prix que le ministre leur décernerait. Plus tard, s'ils persévéraient avec succès dans la voie qu'ils auraient choisie, ils en sauraient trop. Pour l'instant, ils vivaient en connivence avec des mystères (les délicatesses de la langue grecque ou allemande) ou des énigmes (celles des paradoxes mathématiques) qu'ils avaient eu l'intelligence de ne pas dévoiler. Troublés comme on peut l'être aux commencements d'une vie à peine entreprise ou aux rivages d'un pays encore inconnu. Ils n'étaient pas, on le voit, de la race de nos surdoués qui avalent en quelques jours un programme d'informatique ou de ces enfants qui ont déjà touché à tout sans précaution, sans respect. Leur intelligence les rendait plus inachevés, peut-être plus gauches, donc plus adolescents que les autres enfants de leur âge.

Revenus à Bergerac ou à Briançon ou à Douai, ils goûtaient en juillet les douceurs de ce printemps éphémère. Un agrégé de philo, un membre de l'Académie française, un élève de l'X (et des Ponts et Chaussées, on disait qu'ils constituaient une redoutable maffia) l'étaient pour la vie — à tel point que certains d'entre eux inscrivaient ce titre sur leurs cartes de visite, pourquoi pas, s'ils avaient de l'humour, sur la plaque de leur boîte aux lettres. Le lauréat du concours général ne l'avait été que pour une saison et il aurait été ridicule de signaler l'exploit, quelques années plus tard.

On aperçoit le paradoxe qui, sans doute, n'en est pas un si ma sensibilité ne s'est pas fourvoyée. Le concours général a pu paraître à des esprits malveillants comme l'achèvement d'une architecture scolaire contraignante, comme le sommet inébranlable d'une pyramide élitiste. Pour ma part, il m'a rendu, au contraire, un peu plus conscient du temps qui passe inexorablement, d'une forme fugace de bonheur que nous ne retrouverons jamais, si bienveillants soient les dieux à notre égard et si nonchalantes soient les Erinnyes.

D'autres êtres essayèrent (en vain, me semble-t-il) de prolonger cet état de grâce en faisant de l'équilibre sur les toits de l'Ecole, en partant à l'aube traverser Paris. Ils empruntaient les masques de Giraudoux, de Jules Romains pour respirer l'air d'une jeunesse qui se perpétuerait. L'âge, les engagements politiques, l'ambition, un amour mettaient un peu trop de lumière dans ces ombres qui cessaient d'être pathétiques. Ils étaient rendus à la pesanteur et, pour se consoler, ils nommaient cette nouvelle situation la force de l'âge, le poids des responsabilités.

Achevé d'imprimer le 24 août 1994
dans les ateliers de Normandie Roto Impression s.a.
61250 Lonrai
Dépôt légal : août 1994
N° d'imprimeur : I4-1546

Imprimé en France

Petite Bibliothèque Payot / nouvelle présentation

Alfred Adler, Connaissance de l'homme/**26**
Alfred Adler, Le sens de la vie/**47**
Alfred Adler, Le tempérament nerveux/**84**
Alfred Adler, L'enfant difficile/**122**
Ernest Aeppli, Les rêves et leur interprétation/**64** (Documents)
Gérard Apfeldorfer, Je mange, donc je suis/**140** (Documents)
Jean-Paul Aron, Le mangeur du XIXe siècle/**8**
Piera Aulagnier, Un interprète en quête de sens/**43**
Pierre Avril, Essais sur les partis politiques/**41**
Michael Balint, Le défaut fondamental/**44**
Blandine Barret-Kriegel, L'État et les esclaves/**4**
Charles Baudouin, L'œuvre de Jung/**133**
Walter Benjamin, Charles Baudelaire/**39**
Eric Berne, Analyse transactionnelle et psychothérapie/**37**
Ernst Bloch, La philosophie de la Renaissance/**201**
Philippe Boulu, La dynamique du cerveau/**124** (Documents)
François Boureau, Contrôlez votre douleur/**60** (Documents)
Jean Bourguignon/Charles Houin, Vie d'Arthur Rimbaud/**172** (Documents)
Régis Boyer, La Saga de saint Olaf/**77** (Documents)
T. Berry Brazelton, Écoutez votre enfant/**74** (Documents)
T. Berry Brazelton, L'enfant et son médecin/**139** (Documents)
Jacques Brosse, Mythologie des arbres/**161**
Louis-Jean Calvet, Georges Brassens/**129**
Bernard Cathelat, Publicité et société/**83** (Documents)
Léonce Chaleil, Récits de mon village/**192** (Documents)
Jean-Pierre Chartier, Introduction à la pensée freudienne/**162**
Jean-Pierre Chartier, Les parents martyrs/**163**
Roger Chartier, Pratiques de la lecture/**167**
Léon Chertok, L'hypnose/**10**
Victor Chklovski, Le voyage de Marco Polo/**127** (Documents)
Noam Chomsky, Le langage et la pensée/**31**
Commission « Efficacité de l'État » du Xe Plan présidée par **François de Closets,** Le pari de la responsabilité/**21**
A. Cohen, Le Talmud/**65**
Peter Collier/David Horowitz, Les Kennedy/**101** (Documents)
Egon C. Corti, Élisabeth d'Autriche/**125** (Documents)
Jean-Jacques Courtine/Claudine Haroche, Histoire du visage/**185**
Liza C. Dalby, Geisha/**106** (Documents)

Christian David, L'état amoureux/**36**

Hélène Deutsch, Problèmes de l'adolescence/**67**

Paul Diel, Le symbolisme dans la mythologie grecque/**7**

Paul Diel, Éducation et rééducation/**19**

Paul Diel, Le symbolisme dans la Bible/**20**

Paul Diel, Psychologie de la motivation/**66**

Paul Diel, La divinité/**71**

Paul Diel, La peur et l'angoisse/**78** (Documents)

Paul Diel/Jeanine Solotareff, Le symbolisme dans l'Évangile de Jean/**200**

Françoise Dolto/J. D. Nasio, L'enfant du miroir/**110**

Albert Einstein, La relativité/**25**

Christine Fauré, Les déclarations des droits de l'homme de 1789/**81**

Sandor Ferenczi, Thalassa/**112**

Marc Ferro, Nicolas II/**62** (Documents)

Marc Ferro, Comment on raconte l'histoire aux enfants/**82** (Documents)

Moses I. Finley, Démocratie antique et démocratie moderne/**35**

James G. Frazer, Mythes sur l'origine du feu/**48**

Sigmund Freud
Cinq leçons sur la psychanalyse, *suivi de* Contribution à l'histoire du mouvement psychanalytique/**1**

Sigmund Freud, Totem et tabou/**9**

Sigmund Freud, Psychopathologie de la vie quotidienne/**11**

Sigmund Freud, Essais de psychanalyse/**15**

Sigmund Freud, Introduction à la psychanalyse/**16**

Sigmund Freud / William C. Bullitt
Le Président T. W. Wilson, Portrait psychologique/**27**

Erich Fromm, Le langage oublié/**17**

Erich Fromm, Le cœur de l'homme/**68**

John Kenneth Galbraith, La crise économique de 1929/**3**

Philipe Gillet, Le goût et les mots/**144** (Documents)

Albert Grenier, Les Gaulois/**202**

Mirko Grmek, Claude Bernard/**69**

Béla Grumberger, Le narcissisme/**160**

Jean Guiloineau, Nelson Mandela/**190** (Documents)

Heinrich H. Houben, Christophe Colomb/**93** (Documents)

Johan Huizinga, L'automne du Moyen Age/**6**

Karl Jaspers, Introduction à la méthode philosophique/**174**

Odette Joyeux, Le troisième œil. La vie de Nicéphore Niepce/**165** (Documents)

Carl Gustav Jung/Charles Kérényi
Introduction à l'essence de la mythologie/**168**

Helen A. Keller, Sourde, muette, aveugle/**59** (Documents)

Paul Kennedy, Naissance et déclin des grandes puissances/**63** (Documents)
John Maynard Keynes, Essais sur la monnaie et l'économie/**24**
A. *Kirkpatrick*, Les conquistadors espagnols/**92** (Documents)
Mélanie Klein/Joan Riviere, L'amour et la haine/**18**
Étienne de La Boétie, Le discours de la servitude volontaire/**134**
Élisabeth Labrousse, La révocation de l'Édit de Nantes/**34**
Jean-Philippe Lauer, Saqqarah/**107** (Documents)
T. E. Lawrence, Les sept piliers de la sagesse/**99** (Documents)
Michel Le Bris, L'homme aux semelles de vent/**95** (Documents)
Michel Le Bris
Henry James-Robert L. Stevenson : une amitié littéraire/**177** (Documents)
Jean-G. Lemaire, La relaxation/**45**
Anna Lietti, Pour une éducation bilingue/**179** (Documents)
Konrad Lorenz, Évolution et modification du comportement/**33**
Robert Lowie, Histoire de l'ethnologie classique/**49**
Margaret Mahler, Psychose infantile/**30**
Bronislaw Malinowski
La sexualité et sa répression dans les sociétés primitives/**28**
Jean Markale, La femme celte/**108** (Documents)
Marcel Mauss, Manuel d'ethnographie/**13**
Gérard Mendel, Pour décoloniser l'enfant/**5**
Jack Messy, La personne âgée n'existe pas/**180** (Documents)
Jacques Meunier, Le monocle de Joseph Conrad/**150** (Documents)
A. de Mijolla/S. A. Shentoub, Pour une psychanalyse de l'alcoolisme/**40**
Marie Moscovici, Il est arrivé quelque chose/**46**
J. D. Nasio, Enseignement de 7 concepts cruciaux de la psychanalyse/**111**
J. D. Nasio, Cinq leçons sur la théorie de Jacques Lacan/**145**
André Neher, L'identité juive/**198**
Paul C. Racamier, Les schizophrènes/**32**
Otto Rank, Le traumatisme de la naissance/**22**
Otto Rank, Don Juan, *suivi de* Le double/**23**
Claude Revault d'Allonnes, Être, faire, avoir un enfant/**182** (Documents)
Wilhelm Reich, Écoute, petit homme !/**29**
François Rivenc, Introduction à la logique/**14**
Jean-Noël Robert, Les plaisirs à Rome/**197**
Marthe Robert, La révolution psychanalytique. La vie et l'œuvre de Freud/**2**
Jean Ropars, Au pays d'Yvonne/**138** (Documents)
Catherine Salles, Lire à Rome/**196**
Pierre Sansot, Cahiers d'enfrance/**191** (Documents)
Gershom G. Scholem, La Kabbale et sa symbolique/**12**

Albert Schweitzer, Les grands penseurs de l'Inde/**38**

Idries Shah, La magie orientale/**186**

Marc Sherringham, Introduction à la philosophie esthétique/**123**

Jeanine Solotareff, Le symbolisme dans les rêves/**199**

Jérôme Spycket, Clara Haskil/**76** (Documents)

Constantin Stanislavski, La formation de l'acteur/**42**

Robert Louis Stevenson, Essais sur l'art de la fiction/**98** (Documents)

Lytton Strachey, La reine Victoria/**126** (Documents)

Rabindranath Tagore, La maison et le monde/**61** (Documents)

Wou Tch'eng-en, Le singe pèlerin/**109** (Documents)

René Thévenin/Paul Coze
Mœurs et histoire des Indiens d'Amérique du Nord/**94** (Documents)

Jean-Didier Urbain, L'idiot du voyage/**166** (Documents)

Alan W. Watts, Le bouddhisme zen/**70**

Arthur Weigall, Alexandre le Grand/**149** (Documents)

Donald W. Winnicott, L'enfant et sa famille/**50**

Donald W. Winnicott, Fragment d'une analyse, /**113**

Marina Yaguello, Les mots et les femmes/**75** (Documents)